負けない相続

弁護士
依田渓一［著］
経堂マリア［執筆協力］

中央経済社

はじめに

超高齢化社会に突入した日本において、相続はかなり身近なものとなっている。そのうち一定割合は相続紛争（いわゆる〝争族〟）になっており、たとえ本格的な相続紛争には至っていなくても相続人の間に少なからぬ緊張が走っているケースも相当数存在する。

実際、新聞・雑誌・書籍・インターネット等でも、相続紛争はこんなにも泥沼化するといった事例や、そうならないための事前の対策などはよく紹介されている。しかし意外なことに、いざ相続紛争になってしまった場合に押さえておくべきポイントや有利な進め方については、一般の方向けに解説した情報がほとんど出回っていない。

その背景には、従来そういったことは専門家である弁護士にすべて任せればよいと思われてきたという事情があるのかもしれない。しかし、これは大きな間違いである。

筆者はこれまで多くの相続事件に関わるなかで、相手方の弁護士によっては、相続に関する基本的な知識や経験を持っておらず、結果として相手方本人の利益を大きく損ねてしまうという不幸な場面に何度も遭遇してきた。弁護士もあらゆる分野に精通しているわけではないので、相続事件を強みとする弁護士もいれば、その他の分野を専門としていて相続事件の経験は少ない弁護士も当然にいる。

したがって、このような不幸な事態を避けるためには、当事者自身が相続紛争解決のための基本的なポイントを把握したうえで適切な弁護士を選び、選任後も〝自分事〟として手綱を握っておくことが不可欠といえよう。

そこで、これまでブラックボックスであった「相続紛争の戦い方」について具体的に紹介し、適切な相続紛争解決につながればという思いで執筆したのが本書である。少しでもスムーズに理解していただくため、第1編はストーリー仕立てとし、第2編を解説編とした。

第1編の物語編は、それぞれ次のような3つのエピソードで構成されている。なお、遺産総額の表示はいずれも自宅を含めた金額である。

第1章　闘う勇気がある限り……遺産総額2000万円から1億円程度の**遺産分割**事件
第2章　『三本の矢』とはいうけれど……遺産総額5億円程度の**遺産分割**事件
第3章　遅咲きのスミレ……遺産総額30億円程度の**遺留分侵害額請求**事件

3つのエピソードはいずれも架空の物語ではあるものの、相続紛争勃発の過程、弁護士の対応の仕方、裁判所の遺産分割調停の進め方に関しては、筆者の経験を踏まえ、細部も含めできるだけリアルに描いている。そのため、例えば、遺産分割調停の進行がやけに遅いと思われるかもしれないが、これも実態に即して描写したためである。

第2編の解説編は、第4章が相続紛争の全体像の概括、第5章から第7章が物語編の各エピソードに散りばめられた相続紛争解決のための基本的なポイントの解説、第8章が相続紛争で負けないための戦略の解説となっている。

すでに相続紛争に巻き込まれている方はもちろんのこと、これから相続紛争に巻き込まれる可能性がある方（筆者の経験上、ほとんどの方が潜在的なリスクを抱えている）、相続に興味のあるすべての方、加えて相続事案を扱う職種（税理士・司法書士・行政書士・不動産鑑定士・中小企業診断士および金融・証券・保険・不動産・M&A仲介等）の方々には、ぜひ本書を読んでいただければと思う。相続紛争についての具体的なイメージを持つためには物語編から読むことをおすすめするが、士業の方々などある程度知識をお持ちの方は、解説編から先に読んでも有意義な内容となっている。

相続紛争というと、元々仲の悪い家族や金に目がくらんだ強欲な人間同士に限った話という感覚をお持ちの方も少なくないかもしれない。

しかし、実際に相続紛争で遭遇するのは、特別家族仲が悪いわけでもないごく普通の人たちであることが多い。実話に近いエピソードを通じて、当事者がどのような心境や背景で紛争に至っているのかも、リアルに感じていただければ幸いである。

最後に、本書の執筆にあたっては、経堂マリア氏の多大なる協力があったことを、感謝とともにここに申し添えたい。同氏の筆致により、本書が実用書の域を超え、物語として生命を吹き込まれた。本書は同氏との共著であると言っても過言ではない。

また、中央経済社の杉原茂樹氏にも厚く御礼を申し上げたい。同氏のお力添えのおかげで、無事に出版まで漕ぎつくことができた。

なお、本書の内容は筆者自身の見解であり、所属する三宅坂総合法律事務所の統一見解ではないこと、および本書に登場する人物・団体・名称等は架空であり、実在のものとは関係がないことを、あらかじめご了承いただければ幸いである。

令和4年11月

著　者

もくじ

第2章　『三本の矢』とはいうけれど　51

第2編　解説編

第6章　「第2章『三本の矢』とはいうけれど」を読み解く　151

第1編　物語編

※「★」のマークがついた箇所は内容が発展的であるため、読み飛ばしていただいても問題ない。

これから始まる3つのエピソードは、
実話をベースとした物語《フィクション》である。

第１章　闘う勇気がある限り

父の死

２月の乾燥した冷たい風が容赦なく全身に吹きつけてくる。ダウンコートのファスナーを一番上まで引っ張り上げ家路を急いでいた正本直子は、ふと足を止めた。

――私は何を急いでいるのだろう。帰りを待っている人などいないのに。父はもう、死んだというのに。

先月10日に誤飲性肺炎で亡くなった父・譲治は、どちらかといえば寡黙で、感情を豊かに表現する性格ではなかったが、いつも穏やかで思慮深く、直子は容姿も気質もこの父によく似ていた。太陽のように明るかった母が３年間の闘病の末13年前にガンで亡くなり、それからはずっと、父娘の二人暮らしを続けてきた。

結婚もできず実家で暮らしていることに引け目を感じないわけではもちろんなかったが、旦那や義父母とのいざこざや育児に翻弄されることなく、父と静かに日々を過ごしていくこともまた、十分に幸せな生き方だと直子は思っていた。

その思いは、５年前、父が75歳のときに脳出血で倒れた後遺症で右半身に麻痺が残り、介護が必要になってからも変わらなかった。体を思うように動かせず、脳にも若干の障害が残ったことは本当に忍びなかったが、〝父の介護〟という役割ができたことで、妻でも母でもなく、役職についてバリバリ働くキャリアウーマンでもない自分に、存在意義を与えられたような気がしたのである。

その父もいなくなり、直子の幸せを心から願ってくれる人は、この世に１人もいなくなった。特別なことなど何一つできなくても、元気でいてくれればただそれだけでいいと言ってくれる人は、もうどこにもいない。身震いするほどの孤独が、直子を包んでいた。

＊

とはいえ、直子は一人っ子ではない。没交渉中の３つ下の妹・明美がいる。

直子と明美は幼少期から、何もかもが正反対であった。読書やお絵描きが好きで何事にも慎重な直子に対し、明美は社交的だが飽きっぽく、後先を考えずに行動するところがあった。そんな明美が問題を起こすたびに直子は、「私は親を悲しませるようなことはしない」と固く心に誓った。その誓いは進路選択にも少なからず影響しており、中堅クラスの女子大を卒業後、地元の信用金庫に手堅く就職し、もうすぐ勤続25年目を迎えるところだ。

明美に何度か言われたことがある。「お姉ちゃんみたいな地味でつまらない人生だけは送りたくない」と。

やっと引っかかった三流大学を卒業後、聞いたこともない会社に就職し、すぐに転職をくり返したかと思えば、自称コンサルタントの胡散臭い男と25歳でできちゃった結婚をしたのち次々と４人の子供を産んだ明美の人生が、どれだけ華やかでご立派なものか。

自称コンサルタントの男は、よくよく聞いてみればその実は怪しげなネットワークビジネスで小金を稼いでいるだけの、軽薄で口ばかり達者な小人物だった。国内大手メーカーでさまざまなプロジェクトを手掛け、部長まで順調に出世し、多くの部下に慕われながら定年まで一筋に勤めあげた父とは人間の格が違うと、直子は率直に思った。父も母も明美の結婚には大いに反対であったが、駆け落ちに近い形で明美は思いを遂げたのである。

このときの多大なストレスも、亡き母がガンを発症する原因の１つになったのではと、直子は今でも考えている。

自宅という火種

あの家を出ていって欲しい。明美が悪びれもなくそう切り出したのは、父の初七日が終わってすぐのことだった。

実家をさんざん保育園代わりに使っていた明美だが、父が倒れて介護が必要になってからは分かりやすく疎遠になった。それなのに、葬儀で数年ぶりに顔を合わせるなり早速相続の話を持ち出してきたのである。

「うちは子供が4人もいるでしょう？　今のマンションは手狭で困ってたところだから、あの家に住めたらちょうどいいの。1日も早く引っ越したいんだけど、お姉ちゃんはお父さんの預貯金2000万円を相続するってことでどう？　一人暮らししたら、彼氏くらいできるかもよ」

直子が父と暮らしていた家は、二子玉川駅からほど近い閑静な住宅街にある40坪程度の2階建て一軒家で、小さいながら庭もついている。ガーデニングが趣味だった父と2人、週末に水やりをしたり園芸用品を買いに出かける時間が、直子は何よりも好きだった。明美がいつの間に父の預貯金を調べたのか見当もつかないが、いずれにせよあの家と2000万円の預貯金とでは明らかに釣り合わない。

直子はそう直感した。

「私はずっとあの家でお父さんと生活してきて、ここ5年間は懸命にお父さんの介護もしてきたのよ。

私があの家を出ていくのは構わない。でも、明美はお父さんが倒れたら家に寄り付きもしなくなったのに、いきなりそんなこと一方的に言ってくるなんてひどいわ」

　明美は顔をしかめて言った。

「そんなの、お姉ちゃんが勝手に行き遅れて実家暮らししてただけじゃない。お父さんだって本当はそんなこと望んでなかったと思うけど」

　あまりの物言いに言葉を失っていた直子に、明美がたたみかける。

「独り身なんだから、一軒家なんて持っていても仕方ないじゃない。その年でこれから結婚することもないでしょ。うちは子沢山だし旦那も甲斐性なしだから苦しいの。分かってよ、お姉ちゃん」

　子沢山も稼ぎの悪い亭主も全部自分の選択ではないか。直子は唇をかみしめた。

　結婚だって本当はしたかった。取引先の男性社員に、結婚を前提にした交際を申し込まれたこともあったのだ。しかし、ちょうどその頃、母の病気が見つかった。母が苦しんでいるときに自分だけが浮ついてはいられないと交際に前向きになれず、そんな直子の煮え切らない態度にしびれをきらした彼は、数か月後別の女性と付き合い始め、ほどなくして結婚したと風の噂に聞いた。

　あのとき違う選択をしていたらどんな人生があっただろうと、直子は今でもときどき考える。そんな空想が虚しいことは分かっている。すべてはもう、終わったことなのだから。

＊

数日後、まだ四十九日も明けていないというのに、明美は形見分けをして欲しいと申し入れてきた。初七日の一件をまだ消化できずにいた直子は、明美と顔を合わせなくてすむように、鍵を以前のように玄関脇の植木鉢の下に置いたことだけメールで伝えて外出し、夕方になって明美と入れ替わる形で自宅に戻ってきた。

いつものように手洗いうがいをすませ、父の仏壇に線香をあげようとしたときである。仏壇の隣にある箪笥の引き出しが、いくつか中途半端に開いたままになっていることに気がついた。さっきまで形見分けで来ていた明美が開けっ放しにしたのだと軽いため息をつきながら引き出しを閉めようとした直子は、目を見張った。中身が空になっていたのだ。そこには父が生前から保管していた1万円のピン札が数十枚入っていたはずだった。

嫌な予感がして別の引き出しも確認すると、母の形見として父が大切に保管していた宝石数点も、跡形もなく消えていた。誰の仕業かは、火を見るよりも明らかだった。

――金目のものだけ勝手に持ち出すなんてあんまりだわ…まるで盗人同然じゃない！

直子は、腹の底からふつふつと怒りがわき上がるのを感じていた。

＊

「それで、お姉ちゃんはいつあの家を明け渡してくれるの？」

3月上旬、身内だけでささやかな四十九日を執り行ったあとのことだった。件の現金や宝石の持ち出しについて直子が珍しく語気を強めて問いただしても、明美はしらを切り通すばかりか、かえって自宅をいつ出ていくのかとしつこく迫ってきたのだ。

父が倒れてからずっと音沙汰がなかったにもかかわらず、死んだ途端に直子を追い出し平然と自宅をもらおうとしたあげく、留守中に現金や宝石を持ち出し知らぬ存ぜぬを貫くその厚かましさに直子は強い嫌悪感を覚え、同時に、姉妹なのだから話せば分かるなどと寝ぼけていてはダメなのだと思い知らされる。

――とにかく、専門家に相談しなくては

直子は携帯電話を手に取った。

はじめの一歩

桜のつぼみが少しずつ色づき始めた3月中旬、直子は霞が関に来ていた。霞ケ関駅からほど近い法律事務所にアポイントを取ったのである。

弁護士の知り合いはいなかったが、友人のお姉さんが税理士だったことを思い出し、友人を通して相談してみると、「これは税理士の領域外だから私自身はお役に立てないけれど、相続分野に強い弁護士を知っているから紹介しますね」と、三宅山総合法律事務所の冴羽《さえば》弁護士を勧めてくれたのだ。

聞いていたとおり、三宅山総合法律事務所は霞ケ関駅を出てすぐのところにあった。Ｃ４出口のエスカレーターを上って、目の前の日比谷公園を正面に向いた右手の白いビルの６階だ。木目調の明るいエントランスを抜けて会議室に通されると、やはり目の前に日比谷公園が広がっていた。３月中旬、若い緑が春の訪れを告げていた。

＊

「はじめまして。弁護士の冴羽です。よろしくお願いします」

会議室に現れた男性弁護士は、思っていたよりも若い感じで驚いたが、真面目で物事をぬかりなく進めそうな印象を受ける人物だった。冴羽は、直子からこれまでの経緯についてひととおり聞き終えると、丁寧な口調で説明を始めた。

「亡くなった方に遺言がない場合、各相続人の相続分は民法で決まっています。[1]お父様の場合、妻であるお母様はすでに亡くなっていて、お子さんが直子さんと明美さんの２人ですから、遺産は直子さんと明美さんがそれぞれ２分の１ずつ相続することになります。

お話を聞く限りでは、明美さんの主張はご自身の法定相続分を大きく超えているものと思われます。

＊１　民法により定められた各相続人の相続分のことを「法定相続分」という。解説編では137ページ（ポイント１）で説明している。

〔遺産分割の流れ〕

①	遺産分割協議	・当事者同士だけの個人的な話し合い
↓		
②	遺産分割調停	・家庭裁判所での調停委員を介した話し合い ・合意で調停が成立すればここで終わり
↓		
③	遺産分割審判	・家庭裁判所が職権で判断を下す

遺産分割紛争の場面ではこのような主張をする方も出てきますが、法的根拠を欠く不当な要求に過ぎませんので、鵜呑みにする必要は全くありません」

法定相続分の話はインターネットである程度調べてきたが、改めて弁護士に明言してもらえて、直子は少し安心した。

冴羽は次に、ホワイトボードに何やら図を描き始めた。

「今後お父様の遺産を分割していくにあたって、まずは遺産分割の進め方についてご説明したいと思います。遺産分割には、①協議、②調停、そして③審判という3つの段階があります。今は当事者同士で話し合っているところですので①の段階です。つまり、当事者同士だけで遺産をどう分けるかについて何かしら個人的に話し合っているだけで、それは遺産分割協議ということになるのです。②の調停は、家庭裁判所の調停委員を介して当事者同士で話し合いを進める手続ですが、ここでどうしても合意形成ができなければ③の審判にステージが移ります[2]」

＊2　解説編では139ページ（ポイント2）で説明している。

なるほど、３つのステージがあるということか。直子はここまでは理解した。

次に冴羽は、直子にこう問いかけた。

「①は家庭裁判所を介さない当事者同士での話し合いですが、②の調停も家庭裁判所の調停委員を介して当事者同士で話し合いをする手続です。つまり、結局は話し合いですよね。話し合いというだけなのに、なぜ多くの方が弁護士に依頼されるのだと思いますか？」

直子は確かに、どうしてだろうと思った。

「もし遺産分割協議や遺産分割調停が本当に単なる話し合いであれば、わざわざ弁護士にお金を払って代理人になってもらう意味はあまりないと思います。しかし、②の遺産分割調停は、一般的な意味合いでの話し合いではありません。『段階的進行モデル』という、家庭裁判所の独特なルールが支配する話し合いなのです[3]」

冴羽はそう言いながら、先ほどのホワイトボードの図に「段階的進行モデル」と吹き出しで書き加えた。

直子は次々に出てくる難しい単語を理解しようと必死だった。

「一般には全然出回っていない話ですので、ご存知なくて当然です。ゆっくりで大丈夫ですよ。初めは難しいと思いますが、直子さんはこれから遺産分割に参加する以上、最低限そのルールを知ってお

＊３　解説編では140ページ（ポイント４）で説明している。

〔遺産分割の流れ〕

① 遺産分割協議　・当事者同士だけの個人的な話し合い

↓

② 遺産分割調停　・家庭裁判所での調停委員を介した話し合い
・合意で調停が成立すればここで終わり

段階的進行モデル

↓

③ 遺産分割審判　・家庭裁判所が職権で判断を下す

いたほうがいいですよね。例えば、直子さんがこれからサッカーの試合に出場するとしましょう。そのときに、サッカーのルールを知らなかったとしたらどうですか？　どうしたら得点になるとか、何が反則なのか分からなければ、試合になりませんよね」

直子は大きくうなずいた。

「ですから、耳慣れない言葉だとは思いますが、段階的進行モデルがどういうものなのか、大まかに説明させて下さい。私は、遺産分割事件の依頼者の方々には、これをご理解いただけるようになるまで何度も時間をかけて説明させていただいております。そうでないと、お金を払っているのは依頼者の方々なのに、手続が今どうなっていて自分の弁護士がどのような戦略を立てているのか全く理解できず、不安ばかりが募ってしまうからです」

冴羽はそう言って、別の図をホワイトボードに書いた。

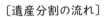

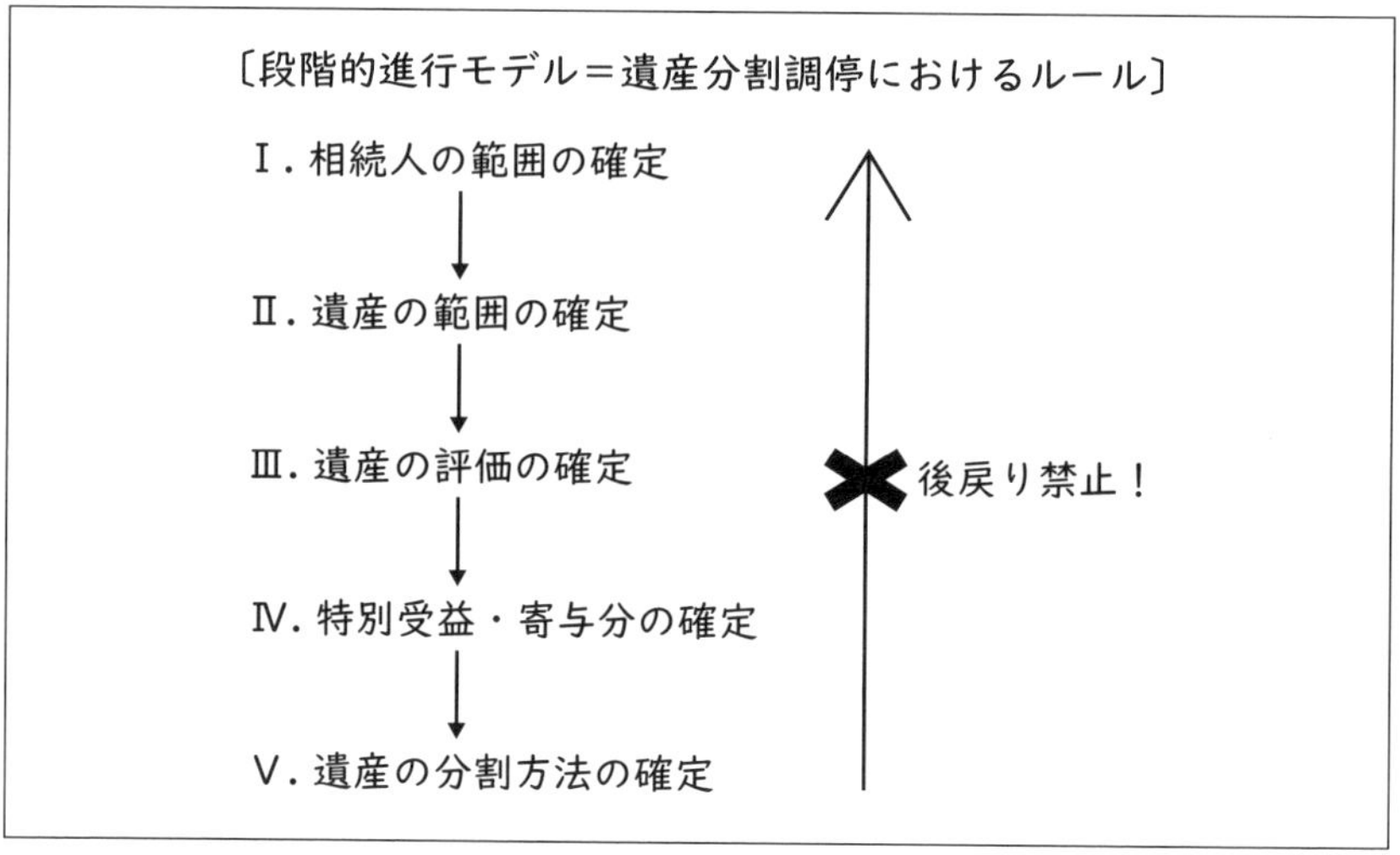

「これは段階的進行モデルを分かりやすく描いたフロー図です。段階的進行モデルというのは、東京家庭裁判所が旗振り役となって導入した遺産分割調停におけるルールです。以前はそのようなルールなしで遺産分割調停が行われていて、話し合いがつかない場合は結局振り出しに戻ってまた一から話し合っていました。しかし、いちいち振り出しに戻ってしまうようでは遺産分割調停に時間がかかり過ぎてしまい裁判所としても頭を悩ませていたため、このようなルールを導入したのです」

どうやら段階的進行モデルとは、遺産分割調停という手続を効率よく進めるためのルールのようだ。

「段階的進行モデルのポイントは大きく分けて2つあり、1つは段階ごとに手続を進めること、もう1つは次の段階に進むと原則として前の段階に戻らないことです。

そして段階というのは5つに分かれていて、Ⅰ．相続人の範囲の確定、Ⅱ．遺産の範囲の確定、Ⅲ．遺産の評価の確定、Ⅳ．特別受益[4]・寄与分[5]の確定、Ⅴ．遺産の分

＊4　相続人が被相続人（亡くなった方）から受けた贈与等の利益のこと。相続人の中に被相続人から贈与等の利益を受けた人がいる場合、遺産分割において当該相続人の相続分を減らして計算を行う（持戻し）。

割方法の確定という５つの段階があります。

遺産分割は、相続人の皆さんでホールケーキを切り分けるような手続です。その際にまず決めるべきは、誰が参加するかでしょう（Ⅰ．相続人の範囲の確定）。関係のない人を含めてはいけませんからね。

次に、分けるホールケーキがどれかを特定することです（Ⅱ．遺産の範囲の確定）。どのケーキを分けるのか決めなければケーキを切りようがありません。

その次が、ホールケーキの値段を決めることです（Ⅲ．遺産の評価の確定）」

ここで直子は首をひねった。なぜケーキを切り分けるだけなのに、値段を決める必要があるのだろう。冴羽は直子の様子を見てこう続けた。

「ホールケーキを切り分ける場合、そもそもケーキを食べたくない人がいて、ケーキはいらないからその分のお金が欲しいという人がいたらどうでしょうか。ホールケーキの値段がいくらなのか評価する必要が出てきますよね」

直子は納得した。

「そして次に、ホールケーキを切り分けるにしても調整が必要な場合があるということです（Ⅳ．特別受益・寄与分の確定）。例えば、長男は今日１人だけ特別にプリンをご馳走してもらっていたからケーキの分け前を少なくするとか（特別受益のイメージ）、二男は今日掃除を１人でやったから分け前を多くする（寄与分のイメージ）といった調整のことです。

＊５　相続人が行った、被相続人の財産の維持・増加のための特別の貢献のこと。相続人の中に被相続人の財産の維持・増加のための特別の貢献を行った人がいる場合、遺産分割において当該相続人の相続分を増やして計算を行う。

そして最後に、これらを総合して、誰にどのようにケーキを分配するかという問題となります（V.遺産の分割方法の確定）。
先ほど少し説明させていただきましたが、これらの５つの段階には、次の段階に進むと原則として前の段階に戻らないというルールがあります。この点は非常に重要で、だからこそ遺産分割調停は、相続人が闇雲にその思いのたけを述べればいいのではなく、シビアな戦略構築とその遂行が決定的に重要となるのです」

このような一般的な説明に続いて、冴羽は直子にいくつか質問をしながら、本件の大まかな基本方針について話し始めた。
難しい説明を一方的にまくしたてるのではなく、専門用語も分かりやすく丁寧に解説してくれる姿勢には誠実さが感じられ、好感が持てた。
――この人なら、信頼して任せられるかもしれない
かくして直子は、冴羽に本事案を正式に依頼することにしたのである。

受 任 通 知 書

令和３年３月２５日

田 中 明 美 様

〒１００－００１１
東京都千代田区内幸町二丁目×番×号
日比谷××ビル６階
三宅山総合法律事務所
電 話　××－××××－××××
ＦＡＸ　××－××××－××××
正本直子氏代理人
弁護士　冴 羽 龍 一

冠省

当職は、今般、正本直子氏より委任を受け、故正本譲治様の遺産分割に関する一切の件につき代理人として受任致しました。以後、この件につきましては当職宛にご連絡下さい。

早速ですが、まずは田中様とお会いして遺産分割に関する情報や資料をご共有頂くとともに遺産分割に関する考え方につき協議させて頂ければと考えております。別途お電話させて頂きますので、ご面談の日時・場所につき調整させて頂ければと存じます。

不一

そして、ゴングが鳴った

直子の事案が動き出した。

冴羽との初回の打ち合わせから１週間後、直子は再度の打ち合わせで改めてこれまでの経緯についてヒアリングを受けた。そのうえで、冴羽は明美に対して受任通知書[6]を送付し、明美と面談を行ったのである。

＊６　弁護士が相手方に対して、自らが依頼者の代理人に就任したことを伝える通知書のこと。

あとで聞いた話では、明美は冴羽に対しても形見分けの際の金品持ち出しについては知らんふりを決め込み、相変わらずいかに自分が自宅を相続すべきか口角泡を飛ばして主張していたそうだ。身内の恥をさらしているようで、直子はいたたまれなかった。

落ち込む直子に、冴羽は言った。

「何も落ち込むことではないですよ。明美さんが主張を曲げるつもりはないことがこれでよく分かったので、長々と交渉することは賢明ではありません。速やかに遺産分割調停に持ち込みましょう」

こうして、４月中旬、東京家庭裁判所に対して遺産分割調停が申し立てられたのである。[7]

＊７　解説編では140ページ（ポイント３）で説明している。

この申立書の写しは，法律の定めにより，申立ての内容を知らせるため，相手方に送付されます。

受付印	**遺産分割**　☑ **調停**　□ **審判**　**申立書**
	（この欄に申立て１件あたり収入印紙１，２００円分を貼ってください。） （貼った印紙に押印しないでください。）
収入印紙　１２００円	
予納郵便切手　３３１０円	

東京家庭裁判所　御中 令和３年４月１５日	申立人（又は法定代理人など）の記名押印	申立人手続代理人 弁護士　冴　羽　龍　一　㊞

添付書類	（審理のために必要な場合は，追加書類の提出をお願いすることがあります。） ☑ 戸籍（除籍・改製原戸籍）謄本（全部事項証明書）　合計６通 ☑ 住民票又は戸籍附票　合計２通　☑ 不動産登記事項証明書　合計２通 ☑ 固定資産評価証明書　合計２通　☑ 預貯金通帳写し又は残高証明書　合計１通 □ 有価証券写し　合計　通　□	準口頭

当事者		別紙当事者目録記載のとおり	
被相続人	最後の住所	〒XXX-XXXX 東京都世田谷区玉川×丁目××番×号	
	フリガナ 氏名	正《マサ》　本《モト》　譲《ジョウ》　治《ジ》	平成《へいせい》 令和《れいわ》（囲み）　３年１月１０日死亡

申立ての趣旨
☑ 被相続人の遺産の全部の分割の（☑ 調停 ／ □ 審判）を求める。
□ 被相続人の遺産である別紙遺産目録記載の財産のうち，次の遺産の分割の（□ 調停 ／ □ 審判）を求める。※1
【土地】　　　【建物】
【預・貯金】　　　【現金，株式等】

申立ての理由	
遺産の種類及び内容	別紙遺産目録記載のとおり
特別受益 ※2	□ 有 ／ □ 無 ／ ☑ 不明
事前の遺産の一部分割 ※3	□ 有 ／ ☑ 無 ／ □ 不明
事前の預貯金債権の行使 ※4	□ 有 ／ ☑ 無 ／ □ 不明
申立ての動機	☑ 分割の方法が決まらない。 □ 相続人の資格に争いがある。 □ 遺産の範囲に争いがある。 □ その他（　　　）

遺産（1/3）

（注）２頁目以降は省略した。

令和３年６月２日、直子はついに第1回調停期日を迎えた。

＊

東京家庭裁判所は、三宅山総合法律事務所の目と鼻の先にある。入口で手荷物検査を受けてから、慣れた足取りの冴羽に先導され、エレベーターで12階に上がった。

「申立人待合室」と書かれた病院の待合室のような部屋で待っていると、50歳前後の女性に呼び出され、別の個室に通された。

そこが今回の調停室だそうで、６畳ほどの部屋の中央に大きな机が置かれ、奥に60歳前後の男性が座っており、その隣に先ほどの女性が座った。冴羽と直子はその正面に座り、冴羽はまず、机の上に置かれている出席者カードに直子と冴羽の名前を書き込んだ。

「私たちが本件を担当する調停委員です。よろしくお願いします」

正面に座る調停委員の挨拶にお辞儀を返しながら、直子は冴羽から事前に受けていた説明を反芻していた。遺産分割調停は通常、担当裁判官の他に2名の調停委員がつく。これは、担当裁判官は処理すべき事件数があまりに膨大なため大まかな事件処理方針のみを決め、実際の進行役は調停委員に任せているからだそうだ。そして調停委員は通常、40代から60代の男女1名ずつで構成されており、東京家庭裁判所の場合、うち1名は弁護士が務めているらしい。

調停委員は、申立人である直子と相手方である明美とは同時ではなく別々に面談を行うことを説明するとともに、[8]段階的進行モデルについて説明した。最初の打ち合わせ以来、冴羽から何度もその説明を受けてきただけに、もはや耳慣れない専門用語ではない。

――ここからが正念場よ

直子は自分を奮い立たせるように、背筋を伸ばした。

＊

「ではまず相続人の範囲についてですが、相続人は、長女であり申立人の正本直子さん、そして二女であり相手方の田中明美さんのお２人ということでよろしいですね」

調停委員の最初の質問に関して、争いの余地はなかった。

「次に遺産の範囲ですが、申立書によると、明美さんはお父さんのご自宅から現金数十万円やお母さんの形見の宝石を持ち出してしまったということですね」

「はい、それらは遺産に含められて然るべきと考えます」

冴羽がそう答えると、調停委員はひとまず明美側の意向を確認すると述べた。

＊８　このような調停の進め方を「交互調停」といい、遺産分割調停の原則的な進め方となっている。解説編では142ページ（ポイント５）で説明している。

――今頃明美はどんなやりとりをしているのかしら

直子は再び待合室に戻っていた。明美には伊集院というベテランの弁護士がついているらしい。25分ほど経っただろうか。再度女性の調停委員が呼びに来た。

先ほどの調停室に入ると、男性の調停委員がこう切り出した。

「明美さんは、お父さんのご自宅から現金や宝石を持ち出したことはないと否定されています」

――やっぱり

昔から素直に自分の非を認める明美ではない。直子は妙に冷静だった。とはいえ、裁判所相手にこうも平然と嘘をつけるとは、妹ながら明美がもはや別の生き物に思えてくる。

調停委員は直子に告げた。

「明美さんが否定している以上、現金や宝石を持ち出したことを認定するのは遺産分割調停では難しいです。どうしてもということであれば、別途訴訟[9]をやっていただくしかありません」

こうして、第1回調停期日は2時間ほどで終了したのだった。

裁判所を出ると、戸惑う直子に冴羽が語りかけた。

＊9　持ち出された財産が遺産に含まれることを確認するための訴訟を「遺産確認訴訟」という。

「現金や宝石の持ち出しに関しては、明美さんが否定している以上、残念ですが調停委員の言うとおりです。仮に現金や宝石の持ち出しに関して訴訟を行うとしても、第一審だけでもそれなりの弁護士費用と1年程度の時間がかかります。しかも、持ち出しに関して相当強力な証拠が必要となります。持ち出された金品の額などから考えれば、そのような訴訟を行うのはおすすめできません」[10]

つまりは泣き寝入りするしかないということか。直子は、明美を信じて鍵を渡してしまったことを、強く深く後悔していた。

＊10　解説編では143ページ（ポイント６）で説明している。

＊

7月7日、第2回調停期日が始まった。

冴羽は調停委員に対し、明美によって持ち出された現金数十万円と宝石については遺産の範囲に含めなくてよい旨伝えた。

「そうすると、遺産の範囲については、ご自宅と預貯金ということでよろしいでしょうか？」

冴羽と直子がうなずくと、調停委員に呼ばれて明美と伊集院弁護士が調停室に入ってきた。明美は直子を見つけると、「よくも調停なんてやってくれたわね」と言わんばかりの目つきで直子と冴羽を睨みつけた。直子は一瞬たじろいだが、冴羽は平然とまっすぐ前を向いている。そこにスーツ姿の男性2名がやけに早足で入ってきた。どうやら担当裁判官と書記官らしい。

40代と思しき男性は着席するや否や、「担当裁判官の槇村です。遺産の範囲につき合意ができたようですので、今から確認をしたいと思います」と述べ、遺産が自宅と預貯金であることを当事者全員に確認すると、またせかせかと調停室を出ていった。

調停委員は、第3回調停期日は遺産の評価を確認することとし、その1週間前までに自宅の評価について主張するよう双方に指示をした。

第２回期日調書

事件の表示　　令和３年（家イ）第１２００１号　遺産分割申立事件
期　　　日　　令和３年７月７日午後１時３０分
場　所　等　　東京家庭裁判所
裁　判　官　　槇村　秀樹
家事調停委員　井川　勝、谷口　美穂
裁判所書記官　久富　健吾
出頭した当事者等　申立人　　　　　　　正本　直子
　　　　　　　　　同手続代理人　　　　冴羽　龍一
　　　　　　　　　相手方　　　　　　　田中　明美
　　　　　　　　　相手方手続代理人　　伊集院　直人
次 回 期 日　　令和３年９月１日午後１時３０分

手 続 の 要 領 等

当事者全員
　次のとおり合意した。
　当事者全員は、別紙遺産目録記載の財産が被相続人正本譲治の遺産であることを確認する。

裁判所書記官　久富　健吾

（注）この調書は、期日の数日後、裁判所から受領したものである。

別紙

遺　産　目　録

1　土地

所　　在　　世田谷区玉川×丁目

地　　番　　×××番×

地　　目　　宅地

地　　積　　１３５．００平方メートル

2　建物

所　　在　　世田谷区×丁目×××番地×

家屋番号　　×××番×

種　　類　　居宅

構　　造　　軽量鉄骨造スレート葺2階建

床 面 積　　1階　１００．００平方メートル

2階　　８５．００平方メートル

3　預金

○○銀行　○○支店　普通

口座番号　１２３４５６７

〔不動産評価と代償金の関係〕

	推定時価	パターン①	パターン②
a．自宅	100,000,000円	75,000,000円	125,000,000円
b．預貯金	20,000,000円	20,000,000円	20,000,000円
c．遺産の合計（a＋b）	120,000,000円	95,000,000円	145,000,000円
d．直子さんが取得できる遺産（c÷２）	60,000,000円	47,500,000円	72,500,000円
e．明美さんからの代償金（d－b）	40,000,000円	27,500,000円	52,500,000円

不動産評価をめぐる攻防

直子と冴羽は三宅山総合法律事務所へ戻り、早速自宅の評価についての作戦会議を始めた。

「ご自宅の評価は非常に重要です。というのも、もし明美さんが自宅を取得するのであれば、直子さんは預貯金の他に代償金といって、明美さんから一定のお金を支払ってもらえることになるのですが、自宅がいくらと評価されるかによってその代償金の額が大きく変わってくるからです」

冴羽はホワイトボードに表を書き始めた。

「姉妹が平等に２分の１ずつお父様の遺産を相続することを前提とすると、本件は遺産の大部分を自宅が占めているため、明美さんが自宅を取得するのであれば、直子さんは預貯金を相続するだけでなく明美さんから埋め合わせのお金を受け取ることになります。その埋め合わせのお金のことを代償金といいます。

この表は、仮にご自宅の評価が１億円だったとして、それをそのまま

１億円と評価した場合、25％低く評価した場合（パターン①）、逆に25％高く評価した場合（パターン②）の３パターンでそれぞれ代償金がいくらになるかをシュミレートした表です。くり返しになりますが、代償金の額は不動産がどう評価されるかによって大きく変わってきます。この表の、パターン①とパターン②の代償金の違いを見てください」

冴羽はそう言って、表の右下に書かれた２つの数字を丸で囲んだ。

「自宅がどう評価されるかで倍半分違ってくるんですね」直子は目を丸くした。

「そうなんです。そのため、遺産分割においては、自分が取得したい財産[11]についてはできるだけ低く評価させ、自分が取得するつもりのない財産についてはできるだけ高く評価させるのが基本的な戦略になります[12]。今回直子さんは自宅を取得するつもりはないので、できるだけ高い評価を目指しましょう」

冴羽はほどなくして、自宅を１億２８００万円と評価する査定書を仕事仲間の不動産業者から入手し、裁判所に提出したのである。

＊

一方の明美側は、自宅を７０００万円と評価する査定書を提出してきた。

ここで冴羽は、直子にクイズを出した。

＊11　基本的には不動産や非上場会社の株式など、その価額が一見して明らかではない財産を想定している。逆に、現預金や上場会社の株式などはその価額が一義的に決まるため、このような操作の対象にはなり得ない。

＊12　解説編では144ページ（ポイント７）で説明している。

「先日２つのパターンに分けて代償金についてご説明しましたが、仮に自宅が、明美さんが示してきた７０００万円と評価された場合、直子さんへの代償金はいくらになると思いますか？」

「遺産の合計は、７０００万円と評価された自宅と預貯金２０００万円を合わせた９０００万円で、私が取得できる遺産がその半分の４５００万円だから…そこから私が相続できることになっている預貯金２０００万円を引いた、２５００万円でしょうか？」

「完璧なご理解です。明美さんが今住んでいるマンションは、不動産登記を見ると明美さんとご主人半分ずつの名義になっていますが、いずれにせよ売却すれば３５００万円くらいで売れそうです。そうすると、不動産譲渡所得税や不動産業者への売買仲介報酬等を差し引いても２５００万円は手元に残ると思われるので、そこから代償金を捻出できるという算段なのでしょう。７０００万円という評価を出してきたのは、そういうことなのではないかと推測されます」

自宅を相続するにしても、いつもお金がないと言っていた明美が代償金をどうやってひねり出すつもりなのだろうと不思議に思っていたが、今、その謎が解けた。

冴羽はホワイトボードに、現在の状況をまとめた表を書いていた。

〔遺産評価に関する各陣営の主張の状況〕

	推定時価	明美さん側	直子さん側
自宅	100,000,000円	70,000,000円	128,000,000円
預貯金	20,000,000円	20,000,000円	20,000,000円
遺産の合計	120,000,000円	90,000,000円	148,000,000円
直子さんが取得できる遺産	60,000,000円	45,000,000円	74,000,000円
明美さんからの代償金	40,000,000円	25,000,000円	54,000,000円

第３回調停期日は９月１日に行われた。間隔が空いたのは裁判所の夏休みの影響らしい。裁判所にも夏休みがあるのだと、直子は少し可笑しく、親近感を覚える。

調停委員は自宅の評価について、直子側は１億２８００万円、明美側からは７０００万円との主張がそれぞれなされたことを踏まえ、中間値である９９００万円と評価することを提案した[13]。冴羽は、１億１０００万円以上の評価であれば話し合いの余地はあると述べた。

１時間以上待たされた結果、明美側が自宅の評価について再度検討するということで、その日は終了となった。

＊

冴羽は第４回調停期日までの間に、直子が直近５年間譲治の介護を行ってきており、寄与分が存在することについての主張書面を裁判所に提出した。

＊

直子は冴羽に質問した。

「段階的進行モデルでいうと、今は３つ目の遺産の評価の段階だと思うのですが、なぜこの段階で寄与分についての主張をされるのですか？　寄与分についての主張は、遺産の評価のあとの、特別受

＊13　各当事者が主張する金額の中間値での合意を促すのは、調停委員が実際によく提案するパターンの１つ。

益・寄与分の確定の段階で行うのではないでしょうか」

　冴羽は優しい目をして、うんうんとうなずいた。

「直子さん、よくここまで勉強されましたね。確かに段階的進行モデルの考え方からすれば、遺産の評価の段階は、まだ寄与分について議論するタイミングではないように思えます。しかし、裁判所の実務上、遺産そのものは遺産分割の時点を基準に評価するのですが、特別受益や寄与分は相続開始時を基準に評価することになっているのです」

　そう言いながら、冴羽はホワイトボードに図を描き始めた。

「例えば、遺産がご自宅のみであると仮定して、そのご自宅の価値が、相続開始時には1億円でしたが遺産分割時である今は1億1000万円になっているとしましょう。また、特別受益が明美さん側に1000万円分あると仮定しましょう[14]。

　まずは、相続開始時において具体的な相続分がどうなるかを計算します。この場合は図のとおり、1億円に特別受益の1000万円を足した1億1000万円を遺産総額とみなし、直子さんはその2分の1の5500万円、明美さんはそこから特別受益の1000万円を引いた4500万円がそれぞれの具体的相続分となります。つまり直子さんと明美さんの具体的相続分を比較すると、5500万円対4500万円になるわけです。

　しかし、ご自宅の評価は相続開始時には1億円でしたが、遺産分割時である今は1億1000万円になっています。そのため、遺産分割時における具体的な相続分は、1億1000万円を

＊14　[★] 特別受益が金銭の場合、本来は贈与当時から相続開始時にかけての貨幣価値の変動も考慮するものとされている。もっとも、読者にとって分かりにくい可能性があるためここではその処理をあえて行っていない。一方、特別受益が金銭以外の場合は原則として、価値の変動は考慮しないものとされている。例えば、不動産を贈与された場合、その価値が相続開始時に3000万円であれば、贈与当時の価値が2000万円であっても、3000万円の特別受益として扱われる。

〔不動産鑑定における２時点評価〕

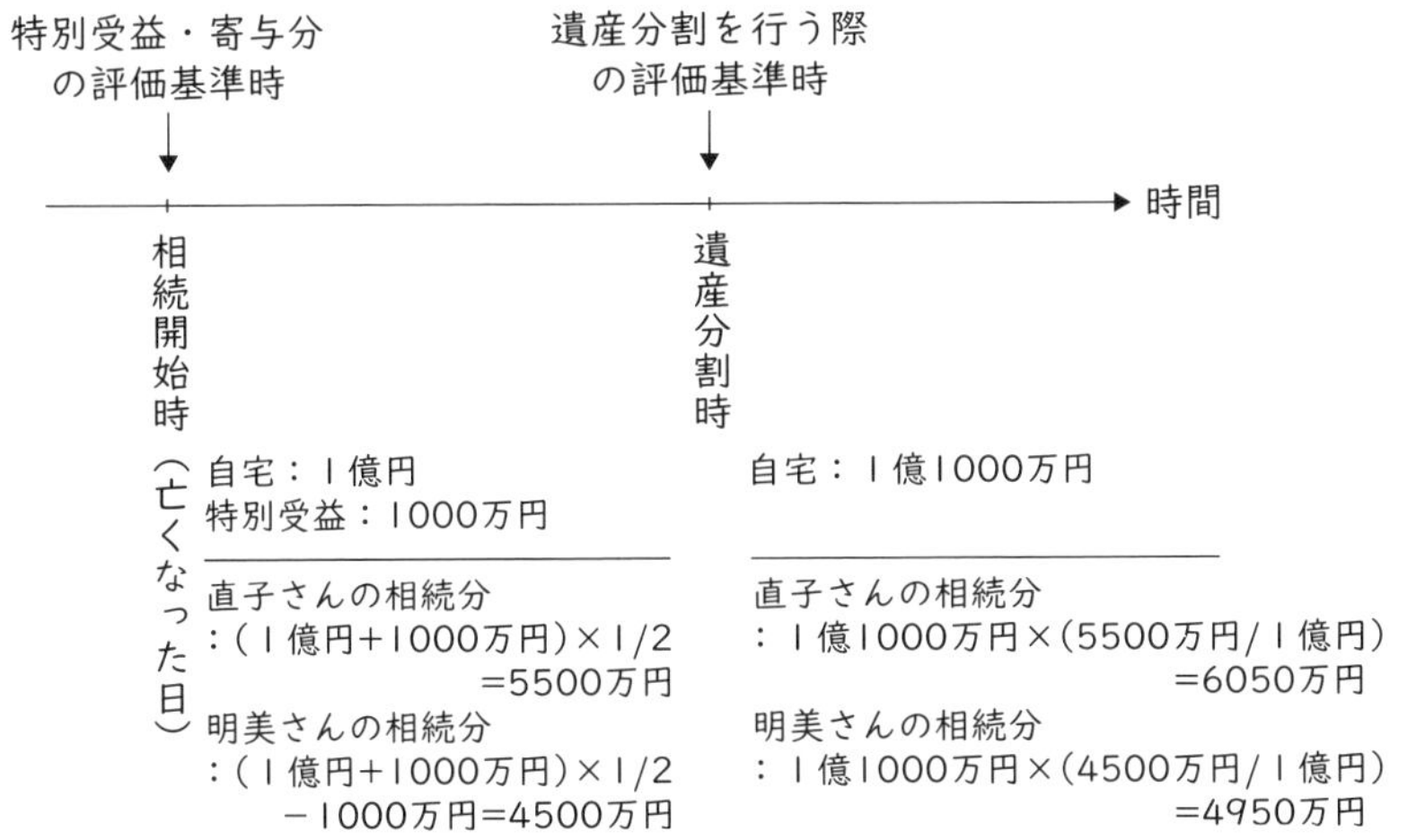

５５００万円対４５００万円、つまり11対９で割り振り、直子さんが６０５０万円、明美さんが４９５０万円となるのです。

このように、特別受益や寄与分が問題となる事案では、遺産の現時点での評価の他に相続開始時の評価も出さなければなりません。裏を返せば、特別受益や寄与分が問題になる事案であるならその主張をする旨、遺産の評価の段階であらかじめ明確にしておく必要があるのです。[15] そのような事案において現時点での評価しか出していないと、後から相続開始時の評価を定め直すことになって二度手間になってしまいますからね」

＊15　[★] 本来的には相続開始時と遺産分割時の２時点に分けて評価すべきであっても、相続開始時と遺産分割時が近接しており不動産市況に変動が少ない場合は、遺産分割時１時点のみの評価を行い、相続開始時はこれと同額とすることもある。

裁判所鑑定へ

前回、自宅の評価について再度検討すると言っていた明美は、10月６日に行われた第４回調停期日において、評価額を７０００万円から８０００万円に引き上げることにしたようだ。冴羽は調停委員に対し、当初の評価額１億２８００万円を下方修正し、１億０２００万円までであれば検討すると申し入れた。調停委員は冴羽の申し入れを踏まえ、明美側に更なる引き上げを促したが、明美側は８０００万円を超えることはないと頑なに拒絶したという。

明美側の反応を聞いて冴羽が答える。

「それでは仕方ありません。申立人としては、裁判所による不動産鑑定を希望いたします[16]」

冴羽の要求を受け、裁判所は鑑定を行うための合意をとることになった。

直子・冴羽、明美・伊集院、そして調停委員２名が揃っているところにまた慌ただしく槇村裁判官と久富書記官が入ってきた。

「それでは遺産の一部である自宅に関し、裁判所鑑定を行うことにします。鑑定の時点は、相続開始時点である本年１月10日と直近時点である本年10月31日とします。後日鑑定費用が決まりましたら、申立人と相手方は、それぞれ決められた日までに鑑定費用を半分ずつ裁判所に予納して下さい。また、

＊16　解説編では145ページ（ポイント８）で説明している。

申立人と相手方は、鑑定の結果に従う旨をあらかじめ誓約して下さい」

直子側・明美側はいずれも同意し、いよいよ裁判所による鑑定が行われることとなった。

そして次回の第５回調停期日は、鑑定に多少時間がかかることから、２か月後の12月15日と指定されたのである。

第4回期日調書

事件の表示　　令和3年（家イ）第１２００１号　遺産分割申立事件
期　　　日　　令和3年１０月6日午後1時３０分
場　所　等　　東京家庭裁判所
裁　判　官　　槇村　秀樹
家事調停委員　井川　勝、谷口　美穂
裁判所書記官　久富　健吾
出頭した当事者等　申立人　　　　　　正本　直子
　　　　　　　　　同手続代理人　　　冴羽　龍一
　　　　　　　　　相手方　　　　　　田中　明美
　　　　　　　　　相手方手続代理人　伊集院　直人
次 回 期 日　　令和3年１２月１５日午後1時３０分

手 続 の 要 領 等

当事者全員
　次のとおり合意した。
1　当事者全員は、別紙物件目録記載の不動産につき、裁判所指定の鑑定人による鑑定を実施する。
2　前記1の鑑定の鑑定事項は、以下のとおりとする。
　（1）別紙物件目録記載の不動産の相続開始時点（令和3年1月１０日）における市場価格
　（2）別紙物件目録記載の不動産の鑑定実施時点（令和3年１０月３１日）における市場価格
3　鑑定費用は、等分の上、裁判所の指定期日までに、各当事者が支払うものとする。

裁判官
　上記合意した内容で鑑定を実施する。

裁判所書記官　久富　健吾

（注）この調書は、期日の数日後、裁判所から受領したものである。
（注）別紙物件目録は省略した。

＊

「なぜ裁判官っていつもあんなに忙しそうなんですか？」

調停期日のたびに気になっていた素朴な疑問を、直子は帰る道すがら冴羽に投げかけてみた。

「常に大量の事件を抱えているからですよ」冴羽が答える。

「時期にもよるでしょうが、家庭裁判所の裁判官１人あたり３００件くらいの事件を一度に抱えているということを、裁判所関係者から聞いたことがあります」

「３００件も⁉」思わず大きな声が出てしまう。

「驚きですよね。これだけ多くの事件を抱えてしまうと、基本的に裁判官はすべての事件の記録を丹念に読み込むことなど到底できません。ですから弁護士は、できるだけ簡潔な書面で分かりやすく自らの主張を裁判官に伝える必要があるのです。大量の書面を提出したところで裁判官は読み切れず、かえって事案の本質を分からなくさせてしまう可能性がありますから」

なるほど、冴羽の提出する書面がいつも端的な理由がよく理解できた。

＊

街中にクリスマスソングが流れる頃、裁判所鑑定の結果が出てきた。

分厚い鑑定評価書の結論部分には、令和３年１月10日の相続開始時点も令和３年10月31日時点も、自宅の評価は1億０５００万円であると記載してあった。

　ほっと胸をなでおろす直子に、冴羽は言った。

「時価としては1億円前後であることは見通しがついていたので、近い金額であれば、鑑定なしで合意してしまう方法もあり得ました。でも、明美さんが最後まで８０００万円に固執していたので裁判所鑑定に突き進んだわけです。まずまずの鑑定結果が出て、一安心ですね」

　それから数日後に行われた第5回調停期日では、遺産の評価が確定したことを踏まえ、特別受益や寄与分の主張の追加・補充があれば次回までに行うよう調停委員から指示があり、比較的短時間のうちに終了した。

１０００万円の謎

　第6回調停期日に向けて、冴羽は次の2つを主張する書面を用意した。

　1つは、直子は直近5年間にわたって譲治を介護してきたから寄与分があるとする主張であり、これは第4回調停期日前にすでに主張していた寄与分について詳しく述べたものである。

　もう1つは、明美は譲治から１０００万円の贈与を受けたことがあり、これは特別受益にあたるから、明美が取得する相続財産は減らされるべきという主張だ。

実は冴羽は、預貯金の移動を確認するため、受任直後の段階で直子から譲治の預金通帳をすべて預っていた。そしてその中に、平成27年7月6日に譲治の預金口座から明美の預金口座へ1000万円が送金された履歴を発見していたのだ。

――明美がローンなしでマンションを買った頃だ

冴羽からその報告を受け、直子はすぐにピンときた。マンションを買うために必死に貯金をしているとは聞いていたが、明美とあの夫がどうしてそんな大金を一度に用意できたのかと不思議でならなかった記憶が、鮮明に蘇ってくる。冴羽が不動産登記を確認すると、平成27年7月6日は、明美がマンションを購入したまさにその日だったのである。

＊

第6回調停期日は、年明けの令和4年1月19日に実施された。

冴羽は、まずは明美の1000万円分の特別受益に関する主張を展開した。

対する伊集院は、1000万円が贈与であることは認めつつ[17]、これは相続分の前渡しではなく、明美に遺産とは別に特別の利益を与える趣旨でなされたものだと主張[18]した。

調停委員を介して冴羽もすかさず反論する。

「譲治さんが1000万円の贈与を相続の際に考慮しないと考えていたという根拠はどこにある

＊17　1000万円の送金が贈与ではなく貸付けであると主張する方法もあり得るが、そうすると明美には譲治への1000万円の返済義務が生じることとなる。一方、1000万円が贈与である場合にはもちろん返済の必要はないし、加えて当該贈与について後述の持戻し免除の意思表示がなされているとの主張が認められれば、相続への影響をゼロにできる可能性もある。このような背景から、伊集院は1000万円が贈与であることを認めたものと推測される。

＊18　これを「持戻し免除の意思表示の主張」という。この主張が認められれば、その特別受益は考慮されないことになる。詳しくは解説編146ページ（ポイント９）で説明している。

のでしょうか？」

伊集院は、譲治と明美の親子仲が大変良かったことを根拠に挙げたが、冴羽は大阪高等裁判所の裁判例を引用してその主張の不当性を訴えた。

「裁判例[19]では、黙示の持戻し免除の意思表示を認定するためには、相続人間の公平の原則を覆してもかまわないと解釈できるほどに明確な意思表示が存在しなくてはならないとされています。譲治さんと明美さんが仲の良い親子であったという主張はそもそも事実かどうか分かりませんし、仮に事実だったとしても、民法の相続人間の公平の要請を排除するに足りる明確な意思表示の根拠とは到底いえないと考えられます」

調停委員を介して冴羽・伊集院両弁護士の応酬が続いた。調停委員は、裁判官を交えて評議を行った結果、双方に告げた。

「調停委員会として評議を行いましたが、現時点の暫定的な心証としては、譲治さんが1000万円の贈与を相続の際に考慮しないつもりであったとまではいえないと考えます」

調停委員の見解を踏まえ、明美は、1000万円の贈与が特別受益として取り扱われることを認めざるを得なくなったのである。

＊19　大阪高等裁判所決定平成25年7月26日判例時報2208号60頁。同決定では、「黙示の持戻免除の意思表示の存在を認定するには、民法の相続人間の公平の要請を排除するに足りる明確な持戻免除の意思表示の存在が認められることを要する」と判示されている。

報われない介護

一方、直子の寄与分主張については、伊集院から激しい反論の声があがった。

「記録によると、譲治さんはほぼ毎日デイサービスやショートステイを利用していました。それらのサービスを利用していた以上、そもそも直子さんが介護をする必要が、つまり療養看護の必要性があったのでしょうか[20]。

また、直子さんは譲治さんが倒れてからもフルタイムでお仕事を継続されていたので、お仕事の傍ら介護をしていたといえます。そうなると、専従性の要件も満たしていないのではないでしょうか。

さらに、直子さんは譲治さんの自宅に無償で暮らしていたので、居住の利益を受けていたといえます。

したがって、そもそも介護による寄与分は認められるべきではありませんし、万一認められたとしても、家賃相当分が減額されるべきであると考えられます」

「これじゃあ、あんまりだわ」

調停委員から明美側の主張内容を聞いて、直子は思わず嘆いた。この5年、直子なりに精一杯父に尽くしてきた。もちろん自ら望んでやっていたことだし、自分を犠牲にしているという感覚は全くな

＊20　一般に、デイサービスやショートステイを利用している場合は、それ以外の時間に介護を行っていたとしても、１日分の介護を認定することはできないとされている。解説編では148ページ（ポイント10）で説明している。

かったが、何も知らない人間や、ましてや明美に、片手間で介護をしていたなどと言われたくなかった。

冴羽が神妙な面持ちで直子に説明する。

「あるべき論としては適切ではないと思いますが、相続法は介護について非常に冷淡な態度をとっています。でも、今ここでそれをおかしいと言っても仕方ありません。それは国会で立法政策として議論されるべき話です。

あえて言えば、お父様は介護を受けている間、一度倒れたとはいえ判断能力はしっかりされていたのですから、ただありがとうと言うだけではなく、直子さんの介護に対して報いるような相続対策をすべきだったといえます。また、直子さんもただ黙々とお父様を介護するのではなく、率直に話し合って事前に相続対策をしてもらうとよかったといえます。

この手の話題は非常に話しづらいので、事前に備えるのが難しいのはよく分かるのですが、もしそうしていれば、今回のような相続紛争は避けられたかもしれません[21]」

＊

直子は、冴羽の言ったことはそのとおりだと頭では分かっていたものの、気持ちの整理がつかない期間が1、2か月続き、その間も調停期日は第7回、第8回と否応なくやって来た。

3月23日、第8回調停期日で、調停委員会が直子の寄与分につき評議を行った。

＊21　解説編149ページの脚注14も参照されたい。

相続法は介護に冷たいという冴羽の言葉は本当だった。直子の寄与分はほとんど認められなかったのだ。

——お金目当てでお父さんを介護していたわけじゃない

直子はそう自分に言い聞かせ、こみ上げる悔しさに蓋をした。

負けなかった相続

「第９回調停期日の今日は、遺産の分割方法についての意見を確認していきます」

調停委員の発言を聞いて、いよいよ段階的進行モデルの最終段階にまで来たのだと、直子は思った。

冴羽が早速口を開く。

「当方としては自宅を取得する予定はありません。そのため、明美さんが自宅を取得される場合は、当方が預貯金２０００万円を取得するほかに４７５０万円の代償金をお支払いいただけるのであればそれでも構いません。それが難しい場合には必然的に、自宅を明美さんと直子さんの双方で協力して売却することになると思われます」

もともとお金に困っていた明美にとって、４７５０万円もの代償金を支払うことが到底無理なこと

〔成立した遺産分割調停の概要〕

	直子	明美
自宅（共同で外部へ売却）	52,500,000円	52,500,000円
預貯金	20,000,000円	0円
合計	72,500,000円	52,500,000円
特別受益	0円	10,000,000円
寄与分	0円	0円
代償金	▲5,000,000円	5,000,000円
特別受益・代償金加味後の相続分	67,500,000円	67,500,000円

は明らかだった。案の定、明美は、マンションを売却すれば２５００万円は支払えるから、それで勘弁して欲しいと調停委員を通じて泣き落としにかかってきたけれど、直子はもう明美のわがままに振り回されたくなかった。冴羽が調停委員に否と伝えても明美は散々ねばったようで、中立人待合室で随分長いこと待たされたが、最終的には明美も自宅を売却することに渋々ながら応じた。

再度、直子・冴羽、明美・伊集院、調停委員２名、そして久富書記官が集まっている調停室に、槇村裁判官が汗を拭きながら走ってきた。

「お待たせしてすみません。それでは双方で調停が調ったようですので、今から遺産分割調停条項を読み上げます」

第９回期日調書（成立）

事件の表示　　令和３年（家イ）第１２００１号　遺産分割申立事件
期　　　日　　令和４年４月２７日午後１時３０分
場　所　等　　東京家庭裁判所
裁　判　官　　槇村　秀樹
家事調停委員　井川　勝、谷口　美穂
裁判所書記官　久富　健吾
当事者等及びその出頭状況
出頭した当事者等
　住　　　所　東京都世田谷区玉川×丁目××番×号
　　　　申立人　　　　　　　正本　直子
　　　　同手続代理人弁護士　　　冴羽　龍一
　住　　　所　東京都板橋区徳丸×丁目×番×号○○マンション
　　　　１０２号室
　　　　相手方　　　　　　　田中　明美
　　　　同手続代理人弁護士　　　伊集院　直人
　本　　　籍　東京都世田谷区玉川×丁目××番×号
　最後の住所　東京都世田谷区玉川×丁目××番×号
　　　　被相続人　　　　　　正本　譲治
　　　　　　　　　　　　　　（令和３年１月１０日死亡）

手 続 の 要 領 等

別紙調停条項のとおり調停が成立した。

東京家庭裁判所家事第５部
裁判所書記官　久富　健吾

（注）この調書は、期日の数日後、裁判所から受領したものである。

別紙

調停条項

1　当事者全員は、被相続人正本讓治（令和３年１月１０日死亡、以下「被相続人」という）の相続人が、申立人及び相手方の２名であることを確認する。

2　当事者全員は、別紙遺産目録（以下「遺産目録」という）記載の財産が被相続人の遺産であることを確認する。

3　当事者全員は、遺産目録中１の土地及び２の建物を各２分の１の割合をもって共有取得する。

4　当事者全員は、共同して、前項の土地及び建物を、令和４年７月３１日までに当事者以外の第三者に売却し、その売却代金から売却に要する一切の費用を控除した残額を前項の共有持分割合に従って取得する。

5　申立人は、遺産目録中３の預金を単独取得する。

6　申立人は、相手方に対し、前項の遺産取得の代償として金５００万円[22]を支払うこととし、これを令和４年６月３０日限り、以下の相手方指定の口座（○○銀行○○支店　普通預金　口座番号１２３４５６７　口座名義人「田中明美《タナカアケミ》」）に振り込む方法により支払う。振込手数料は申立人の負担とする。

7　当事者全員は、以上をもって被相続人の遺産及びその分割に関する紛争（特別受益、寄与分並びに遺産から生じた法定果実及び公租公課の精算を含む）が一切解決したものとし、本調停条項に定めるもののほか何らの債権債務がないことを相互に確認する。

8　調停費用は、各自の負担とする。

以　上

＊22　直子の取得した遺産は自宅の売却代金の半分（105,000,000円×２分の１＝52,500,000円）と預貯金20,000,000円の合計72,500,000円である。ここから直子の相続分である67,500,000円を差し引くと5,000,000円となり、これが明美に対して支払う代償金の額となる。

別紙

遺　産　目　録

1　土地

所　　在	世田谷区玉川×丁目
地　　番	×××番×
地　　目	宅地
地　　積	１３５．００平方メートル

2　建物

所　　在	世田谷区玉川×丁目×××番地×
家屋番号	×××番×
種　　類	居宅
構　　造	軽量鉄骨造スレート葺２階建
床 面 積	1階　１００．００平方メートル
	2階　　８５．００平方メートル

3　預金

○○銀行　○○支店　普通

口座番号　１２３４５６７

淀みのない調書の読み上げが終わり、最後に槇村裁判官が「皆さん、長い間お疲れ様でした」と言って締めくくると、調停室の空気がほっと和んだ。

明美がぽつりとつぶやく。

「あたしがあの家を何がなんでも取ろうとしてこんなことになっちゃったけど、調停ってやってみるとすごい大変だった。なんか、最初からこうしておけばよかったのかも」

少しすねたようなその横顔に、幼い頃の明美の面影を見たような気がした。

ふと冴羽に目をやると、伊集院と挨拶を交わし、協力して自宅の買主を探しましょうと話し合っていた。

＊

そこからは、一気に物事が進んだ。

調停成立後、冴羽から紹介してもらった不動産業者に自宅の買主を探してもらうと、ほどなくして１億０６００万円で買いたいという買主候補者が現れたのだ。二子玉川はここ10年間の再開発で一気に人気になっているようだ。直子が子供の頃はまだ駅舎も古く、今のようなおしゃれな街とはほど遠かったのだが、不動産の価値というのは分からないものだ。ともあれ、わずかではあっても裁判所鑑定評価を上回る金額で買い手が見つかり、直子は安堵した。

明美側も同意し、６月14日、直子・明美は買主との間で売買契約を締結し、７月29日に売買決済を行った。

不動産の売却に関してはまず相続登記[23]を行う必要があるらしいが、その登記のための司法書士とのやり取りから売買契約書のチェックや決済手続に至るまで、すべて冴羽はぬかりなく進めてくれた。直子は大船に乗った気持ちで、冴羽からの報告を聞いていた。

＊23　不動産の所有者に相続が発生して、その相続人等が新たな所有者になったことを示す登記のこと。解説編143ページ（ポイント６）でも同趣旨の説明をしている。

前を向くとき

8月5日、直子は菓子折りを手に三宅山総合法律事務所を訪れていた。盛夏を迎えた日比谷公園の濃厚な緑が目に眩しい。

「初めてこちらにお越しになってから1年と5か月ですね」

冴羽は少し感慨深そうな顔をして言った。

「受任してからまず明美さんと面談してみて、交渉での解決は難しいと判断し、速やかに遺産分割調停を申し立てて直線的にここまで進めてきましたが、それでもそれなりに時間がかかりました。段取りが悪ければあっという間に2、3年過ぎてしまうこともあります。

直子さんにとっては、明美さんが持ち出したはずの現金や宝石がなかったことになってしまったり、5年間の介護が考慮されなかったりと、納得のいかない部分も多々あったと思います。しかし、遺産分割は相続人それぞれにそれなりの言い分があることが多く、百点満点の展開になることは基本的にあり得ません。また、遺産分割調停はその性質上、他の相続人の協力なしには解決しません。そのような観点からは、〝負けない〟ことをベースに、一定の落とし所での現実的な解決を目指すべきなのです。

本件は、明美さんの当初の主張にそのまま応じていたら、直子さんは預貯金2000万円を取得しただけでした。しかし、遺産分割調停の結果、預貯金のうち実質１５００万円[24]と自宅の売却代金の半分である５３００万円[25]の合計６８００万円を取得できました。当初の展開から考えれば、十二分な勝利だと思います」

思い返せば、これまでいろいろなことを諦めてきた人生だった。

多くを望まず、身の丈に合った生き方をしてきたなどと綺麗事をいっても、本当は傷つくのを恐れて殻に閉じこもっていただけなのかもしれない。

直子は、自分の言うべきことをしっかりと主張して、結果としてそれがある程度認められたことが嬉しかった。そして何より、自分の中にまだ、闘う勇気が残っていたことが嬉しかった。

「冴羽先生、本当にお世話になりました」

＊

三宅山総合法律事務所のビルを出ると、西の空が見事な夕焼けに染まっていた。

真っ赤な夕日に背中を押され、直子は歩き出す。その足取りはどこか力強く、凛としていた。

＊24　直子が預貯金2000万円を単独取得し、それにつき代償金500万円を明美に支払ったことを指している。

＊25　ただし、実際には、相続登記にかかる司法書士報酬及び登録免許税、不動産売買仲介報酬、印紙税並びに譲渡所得税が別途発生する。

第２章　『三本の矢』とはいうけれど

序章

戦国の名将・毛利元就は、今際の際に３人の息子を呼び寄せ、１本の矢を折るよう命じた。３人の息子たちは皆簡単に矢を折った。次は束になった３本の矢を折るよう命じると、今度は誰一人として折ることができなかった。元就は３本の矢を三兄弟にたとえ、１本では脆く折れてしまう矢も、束になれば頑丈になることから、三兄弟が強く結束することを説いたという――。

令和3年3月

令和3年3月中旬、森田光代は2人の弟と都内の喫茶店にいた。家族水入らずの和やかなティータイムでないことだけは、誰の目から見ても明らかだった。張り詰めた空気の中、光代の2つ下の弟・吉田義男が口を開く。

「おふくろのマンションを、俺に相続させてくれないか」

＊

光代たち三兄弟の母・吉田幸子が老衰のため91歳の生涯を終えたのは、節分を目前にした1月25日のことだった。

母・幸子は22歳で光代たちの父である照一と結婚し、専業主婦として3人の子供を育てあげたが、25年前に照一が交通事故で亡くなり、遺産の大部分を相続した。照一は代々続く資産家の家系で、そのおかげで幸子は夫亡き後もゆとりのある生活ができ、それでもなお光代たちに、自宅土地やマンション、現金をはじめとする十分な財産を残して逝ったのである。

幸子の自宅は世田谷線の西太子堂駅からほど近い場所にあり、敷地は50坪ほどではあるが、最近の不動産価額上昇を考えると時価1億4000万円程度はすると思われる。ただし、建物は光代の夫名

〔故・吉田幸子の遺産の内訳〕

	推定時価	備考
自宅土地	140,000,000円	自宅建物は森田光代の夫名義
グランドヒル世田谷	300,000,000円	
預貯金	100,000,000円	
有価証券	50,000,000円	
負債（マンションローン）	▲60,000,000円	
合計	530,000,000円	

＊その他、光代を受取人とする生命保険金１億円がある。

義となっている。光代夫婦は、幸子の足腰がめっきり弱った10年前からこの家に同居し、細々とした身の回りの世話をしてきた。

さらに、自宅から数十メートルのところには幸子名義のマンション「グランドヒル世田谷」がある。築22年、鉄骨３階建て、単身者向き１Ｋのこぎれいな賃貸物件で、時価３億円程度と見込まれる。１階の一番手前の部屋は光代が不動産屋の事務所として使っている。このグランドヒル世田谷は、かつて大手不動産会社に勤務し宅地建物取引士の資格も持つ光代が、仕事上の人脈や知識経験を使って土地の取得、設計、建築に至るまで指揮を執り、出来上がってからも入居者の募集から日々の管理まで一貫して対応してきた。当然光代としては、将来的には自分こそがこのマンションを受け継ぎ、管理を続けていくものと考えていた。

幸子にはその他に、預貯金合計１億円、有価証券（上場株式）５０００万円があり、負債として、グランドヒル世田谷を建設したときのローン６０００万円があった。

また、幸子は光代にいろいろ面倒をかけてきたと思っていて、光代を受取人とする合計１億円の生命保険に加入していた。

〔義男が主張する遺産分割案〕

	光代	義男	友信
自宅土地	140,000,000円		
グランドヒル世田谷		300,000,000円	
預貯金			100,000,000円
有価証券			50,000,000円
負債（マンションローン）		▲60,000,000円	
合計	140,000,000円	240,000,000円	150,000,000円

＊その他、光代を受取人とする生命保険金１億円がある。

＊

義男の言い分は、光代は自宅土地を取得し、自分はグランドヒル世田谷を取得するとともにそのローンも引き継ぐ、光代の７つ年下の弟・友信は、預貯金１億円と有価証券５０００万円を相続すればよいのではないかというものだった。

義男は、リーマンショックのさなか早期退職勧告を受けて脱サラし、退職金を元手に大阪で起業したが上手くいかず、生活の乱れからか妻子とも離別している。昔は光代の言うことをなんでも素直に聞く可愛い弟だったが、多額の借金返済に追われているようで一度お金を貸してくれと言われて以来、光代は関わるのを避けてきた。

友信は関西の大学を卒業後、東京には戻らず奈良市役所に就職し、以来ずっと同じ職場で働いている。子供の頃から優柔不断で鈍くさく、自分の意見をまるではっきり言わないくせに寺社仏閣について語るときだけやたらにしゃべる友信には、イライラさせられることも多い。そんな性格だから50歳をとうに過ぎた今も独身のままなのだと、光代は考えている。

義男の提案を、光代は一笑に付した。

「何を言い出すかと思えば。グランドヒルは建築から何から全部私が手掛けたものなの。管理だって私がしているの。あなたは大阪に住んでいるんだし、不動産についての知識なんて何もないのにあのマンションを相続してどうするっていうの？　私が相続するわ」

義男も負けじと言い返してくる。

「でも、姉さんは実家の土地を相続するつもりだろ。それに加えてグランドヒルまで取るなんて不公平じゃないか」

「要するにあなたはお金が欲しいんでしょ。グランドヒルを相続した分のお金ならきちんと払いますからご心配なく」

「その言い方はないんじゃないか！」

光代と義男の言い合いをオロオロと見守っていた友信が、取り繕うように言った。

「まあまあ、姉さんも兄さんも落ち着いて。また日を変えて話し合おうよ」

三兄弟は喫茶店の代金もきっちり各自払いとして、険悪な空気のまま解散したのである。

＊

２週間後の３月末、光代・義男・友信は再び集まったものの、グランドヒル世田谷を誰が相続するかについての話し合いは平行線をたどった。３時間にも及ぶ激しい議論のあげく、果ては相続とは関係のない不満をぶつけ合う始末だった。

「そもそもグランドヒルの計画は、おふくろが言いなりなのをいいことに姉さんがいつの間にか会社も辞めて勝手に進めていったんだぞ。おふくろとの同居にしたってそうだ。頼まれてもいないのに押し掛けて、あげく建物を旦那名義に書き換えたそうじゃないか。最初から実家もグランドヒルも乗っ取る魂胆だったんだな」

「生活が苦しいと考え方まで卑屈になるのね。グランドヒルも同居も、全部お母さんのためにやってきたことよ。むしろ感謝すべきでしょ」

「何がお母さんのためだ。毎月何十万も小遣いをもらってたというのが実態じゃないか。知らないと思ったら大間違いだぞ。だいたい会社を辞めたのだって、グランドヒルを仕切るっていう体のいい逃げ道にしけこんだだけじゃないか。思いどおりに事が進まないとすぐにヒステリックになるその性格のせいで、どうせ職場でも煙たがられてたんだろ。

　姉さんは昔から自分のことしか考えていない。年長面して俺たちを支配下に置いて、いつもいいところだけを持っていっておやじやおふくろに褒められていい気になって、それを当然だと思っている。俺たちの立場や気持ちなんかこれっぽっちも考えちゃいないんだ。でももうあの頃とは違う。俺は弁護士を立てて争うからな」

　一瞬ドキッとしたが、お金に困っている義男のことだ。どうせ口先だけで、実際に弁護士を立てることなどないだろうと光代は高をくくっていた。

事件番号　令和３年（家イ）第５１号　遺産分割申立事件
申立人　吉田　義男
相手方　森田　光代　外１名
被相続人　吉田　幸子

期　日　通　知　書

令和３年６月１日

相手方　森田　光代　様

〒XXX-XXXX
奈良県奈良市登大路町××
奈良家庭裁判所家事部１係
裁判所書記官　林　瑞穂
電　話　××××－××－××××
ＦＡＸ　××××－××－××××

頭書の事件について、期日が下記のとおり定められましたから、通知します。

記

期　　日　　令和３年７月５日午後１時３０分
　　　　　　家事調停期日
場　　所　　３階共同協議室（３階）
〔事件番号　令和３年（家イ）第５１号〕

※　３階の　相手方　待合室でお待ちください。
（開始時刻がきましたら、係員または調停委員が御案内します。）
（その後、調停室内で出席者カードに氏名を記載していただきます。）

連日の雨のせいで溜まっていく一方の洗濯物が、苛立つ光代の気持ちを逆撫でする。

光代のもとに奈良家庭裁判所から期日通知書という名の呼出状が届いたのは、最後の話し合いから2か月と少しが過ぎた6月のことだった。この間は弁護士を立てるなどと息巻いていた義男だが、最終的にはこれまでどおり自分の言うことを聞くとばかり思っていた光代にとって、突然の裁判所からの通知は完全に予想外であった。


――お金なら渡すと言ったのに、一体なんだっていうのよ

舌打ちをして期日通知書を破り捨てたい衝動をこらえ、光代はめまぐるしく考える。お金のない義男にはきっとろくな弁護士がついていない。こちらが優秀な弁護士を雇えばたちどころに勝てるだろう。多少の出費は必要経費と思えばいい。

＊

6月中旬、光代は霞が関に来ていた。法律事務所にアポイントを取ったのである。

弁護士の知り合いはいなかったが、懇意にしているファイナンシャル・プランナー[1]に相談すると、「相続分野だったら絶対この弁護士がおすすめですよ」と三宅山総合法律事務所の冴羽弁護士を勧めてくれたのだ。母・幸子が入っていた生命保険は、このファイナンシャル・プランナーのすすめで幸子が契約したものである。

＊１ ファイナンシャル・プランナー（FP）とは、人生において必要な資金の計画を立て、その実現をサポートする専門家のことで、保険販売員がこれを兼ねていることが多い。顧客のさまざまな困りごとなどの身近な相談先の役割を担っていることも多い。

聞いていたとおり、三宅山総合法律事務所は霞ケ関駅を出てすぐのところにあった。Ｃ４出口のエスカレーターを上って、目の前の日比谷公園を正面に向いた右手の、白いビルの６階だ。

会議室に通されると、梅雨にけむる日比谷公園が眼下に広がり、その左手には国会議事堂が堂々たる佇まいで鎮座していた。

＊

「はじめまして。本日ご相談を承ります弁護士の冴羽です。よろしくお願いします」

年齢は30代後半くらいか。自分よりずっと若い人を先生と呼ばなければならないのかと少し嫌な気持ちになる。

「同じく弁護士の丸山です。よろしくお願い致します」

こちらに至ってはまだ20代の新人のようだ。近頃はこんな野球少年みたいなのが弁護士を名乗っているのか。

冴羽は、光代からこれまでの経緯についてひととおり聞くと、「段階的進行モデル」についての説明を始めた――。

ファイナンシャル・プランナーから聞いていたとおり、冴羽は確かに頭の切れそうな弁護士だったし、説明も的確で分かりやすかった。年下なのは気に食わないが、勝つためには仕方あるまい。それに、こっちは〝お客様〟なのだから、間違っても若造たちに偉そうになどさせない。

こうして光代は、冴羽に本事案を正式に依頼することにしたのである。

第1回調停期日　令和3年7月5日

7月5日、奈良家庭裁判所にて遺産分割調停の第1回期日を迎えた。

冴羽の事前の説明によると、遺産分割調停はどこでも好きな裁判所で起こせるわけではなく、相手方の住所地の家庭裁判所で起こすものと法律で決まっているらしい。ただし、今回のように相手方が光代、友信と複数人いる場合には、相手方のうちのいずれかの住所地の裁判所でも起こせるという。光代は東京都在住、友信が奈良県在住のため、今回の義男の調停申立ては東京家庭裁判所か奈良家庭裁判所が管轄裁判所となるそうだが、奈良ならば義男の住んでいる大阪から電車で1時間程度と近いため、奈良家庭裁判所を選んだのだろう。

「奈良家庭裁判所で調停を起こされてしまったということは、私は毎回奈良に行かなきゃならないんですか？」

「いいえ、ひとまずその必要はありません。遺産分割調停の場合、遠隔地であるなど適切な理由があれば、基本的には当事者と代理人は電話会議システムを利用して手続に参加することができます。事前に裁判所に申し入れたうえで、当事務所の会議室から出席しましょう[2]」

＊２　解説編では151ページ（ポイント１）で説明している。

光代はほっと胸をなでおろした。毎度東京から奈良まで時間とお金をかけてはるばる馳せ参じなければならないなんて、冗談じゃない。

かくして光代と冴羽・丸山は、電話会議システムを使って、三宅山総合法律事務所の会議室から遺産分割調停に参加することにしたのである。

＊

ここにきて気がついたことだが、友信は弁護士をつけていないようだった。

「友信は弁護士をつけていないようだけど、どういうことなのかしら」

「ときどきそういう人はいます。しかし、手続が進んでいけば分かりますが、弁護士をつけずに遺産分割調停に臨むというのは道先案内人なしで高い山を登るようなものです。いったい今どのような手続をしているのか、何をどう主張したら良いのかなどを弁護士なしで理解することは、極めて難しいと思われます」

＊

定刻直後に調停委員から会議室の電話に着信があり、第１回遺産分割調停期日が始まった。男女２名の調停委員が、義男→光代→友信の順番で代わる代わる話を聞いていくらしい。まず最初にそのような進行についての簡単な説明がなされるといったん電話は切れ、また次に自分たちの番が訪れるのを待つ。

相続人の範囲が光代・義男・友信の３人であることに争いはなく、遺産の範囲についても、自宅土地・グランドヒル世田谷・預貯金・有価証券が遺産に含まれるというところまでは異論は出なかった。

しかし、調停委員の説明によると、義男の弁護士から、光代を受取人とする生命保険金１億円も遺産に含めるべきでないかとの指摘があったらしい。冴羽は動じる風もなく答えた。

「原則として、受取人が指定された保険金は法律上遺産には含まれません。というのも、受取人が指定された保険金は受取人固有の財産と位置づけられているからです。そのため、本件遺産分割の対象ではないと考えられます[3]」

調停委員も同様の見解で、義男側もそれ以上こだわらなかった。

冴羽が待ち時間に話しかけてくる。

「保険金が１億円もあったことは大変ありがたい状況です。お母様のおかげですね」

光代は冴羽の言葉を無視した。分かったような口をきかないで欲しい。その保険金は受け取って当然なのだ。この家で貢献しているのは私しかいないのだから。もらって当然の対価をありがたく思えだなんて、見当違いも甚だしい。

＊３　解説編では152ページ（ポイント２）で説明している。

マンションローン６０００万円を遺産に含めるかは、当事者間で意見の違いが若干あったものの、いずれにせよ返済しなければならないことから、最終的には遺産分割の際に合算して分割することとなった。

冴羽が言うには、実は債務は原則として遺産分割調停の対象にはならないが、相続人全員の合意があれば対象になるらしい。[4] 今回は３人の合意がとれたので、６０００万円のローンも遺産に含めることになったというわけだ。

次は、喪主を務めた光代が支払った葬儀費用４２０万円を遺産分割調停の対象とするかの確認に移った。光代は事前に冴羽から、こんな質問をされていた。

「葬儀費用の相場は２００万円程度とされていますが、その倍以上の費用がかかったのはなぜですか？」

なぜそのような立ち入った質問をされなければならないのか。光代はムッとして言った。

「なぜって、何がおかしいんですか？　うちは資産家の家系なんですよ。庶民家庭がやるようなしみったれた葬式なんて出せるもんですか」

冴羽がその後なんと答えたかは覚えていないが、ともあれ今日、冴羽は調停委員に対し、光代が支出した葬儀費用４２０万円についても遺産分割調停の対象とし、義男や友信にも３分の１ずつ負担して欲しいと伝えている。

＊４　解説編では153ページ（ポイント３）で説明している。

ところが、義男も友信も負担したくないの一点張りだという。

そこで冴羽は調停委員を通じて、財産は相続したいが葬儀費用は負担しないというのは身勝手なのではないかと訴え、義男・友信に再考を促した。

調停委員は了解し、初回の調停期日は、その他細々とした事項の確認のみで終わった。

第2回調停期日　令和3年8月27日

第2回調停期日は8月27日に行われた。

前回持ち帰りとなった葬儀費用の件について、義男の意向が調停委員から告げられる。

「義男さんは、葬儀費用はすべて喪主である光代さんが負担すべきとのお考えに変わりはないそうです。また、そもそもこの遺産分割調停で葬儀費用について討議することに同意しないとのことです」

冴羽は、調停である以上一定の費用を分担するという考えもあり得るのではないかとねばってみたものの、義男側は一歩も引かなかった。光代がくだらないプライドのために必要以上に派手な葬式を強行したのだと反感を持っているらしいと、調停委員が言っていた。

調停を一時中断してもらい、葬儀費用については諦めるよう、冴羽は光代を説得しようとした。

光代は猛然と抗議する。

「葬儀費用は兄弟で平等に負担するべきじゃないんですか。タダ乗りしようっていう魂胆なんだわ、あの２人」

冴羽は渋い顔をして説明した。

「葬儀費用についてはかなり誤解が多いところです。これに関して確たる最高裁判所の判例はないのですが、東京家庭裁判所は、原則として喪主を務めた人が葬儀費用を全額負担すべきという考え方を[5]採用しているともいわれています。しかも、葬儀費用について遺産分割調停の場で話し合うためには相続人全員の合意が必要になります。

そのため相続人の１人でも話し合いを拒んだ場合、拒まれた方は、どうしても葬儀費用を他の相続人にも分担させたいのであれば、遺産分割調停とは別に葬儀費用の一部[6]を自分に支払えとの訴訟を提起する必要があります。ですが、法的にも勝ち目が薄いことに加え訴訟のためのコストを考えると、葬儀費用のためだけに訴訟をするのはあまり現実的ではありません。本件の場合も、残念ですが葬儀費用に関しては諦めざるを得ないように思います[7]」

しかし、光代は頑として譲らなかった。

「私は義男が認めるまで諦めません」

「とはいえ、いずれにせよ現状では葬儀費用の論点は調停の対象外として取り扱われることになりますよ」

「そんなこと、絶対に許しません！」

＊５　このような考え方を「喪主負担説」という。

＊６　厳密には、他の相続人たちに対し、それぞれの法定相続分に応じて葬儀費用を割り付けた金額を支払うよう請求することとなる。

＊７　解説編では153ページ（ポイント４）で説明している。

「光代さんが許さなくても、そうなってしまうんです」

「そんな制度おかしいじゃない！」

「制度がおかしいのであれば、弁護士ではなく国会議員に相談されるべきです。しかし、法改正はすぐにできるものではありませんから、結論は変わらないと思います」

「それなら訴訟に持ち込むわ。それならいいのよね？」

「訴訟を提起することはもちろんできますが、先ほどお伝えしたとおりそもそも勝てる可能性が低いですし、費用対効果の点でもおすすめできません。葬儀費用を法定相続分に応じて３分の１ずつ負担するとした場合、義男さん・友信さんのそれぞれの負担分は４２０万円×３分の１＝１４０万円となり、２人合わせて２８０万円です。取り戻せるか分からない２８０万円をめぐる訴訟のためにかなりの費用が発生しますよ」

　光代はまだ何か言おうとしている。終わりが見えないため、冴羽は光代との話し合いを切り上げ、調停委員に対し葬儀費用については次回期日へ持ち越したい旨告げた。調停委員も冴羽が光代の説得に苦心していることを察して、第２回調停期日は終了となった。

第２回調停期日後　三宅山総合法律事務所にて

　弁護士３年目の丸山大介は、疲れ果てていた。さっき別れたばかりの依頼者・森田光代の、脳に直接響いてくるようなキンキン声がまだこだましているようだ。耳に残るその声を振り払うように、先輩弁護士である冴羽に話しかける。

「光代さんも相当我が強い人ですよね。今日はもう参っちゃいましたよ…」

最初の打ち合わせで会ったときから、光代への印象はお世辞にも良いとはいえなかった。丸山が年齢より若く見えるせいか、挨拶をする丸山をちらりと見たきりこちらに顔を向けようともしない。新人になど用はないというオーラが、鈍感なたちの丸山にもひしひしと伝わってきたのだった。

「本当にね。遺産総額に比べて葬儀費用はたいした金額ではない。遺産総額約５億円に対し葬儀費用は４００万円くらい、比率でいえば遺産総額のわずか０・８％程度に過ぎないんだからね。土地やマンションを取得するという大きな目的に比べたら本当に小さいことなのに、なぜ潔く諦めて本題に移ろうとしないのかとも思う。でもね、丸山先生」

冴羽は穏やかに語る。

「我々弁護士はあくまで代理人だ。もちろん、社会的に好ましくない団体や人物からの依頼は受けないし、不当な依頼は断る。だけれども、たとえ依頼者に共感できなくても、依頼者の利益をあり得る中で最大化していくのが我々の仕事なんだよ」

自分もあと何年か仕事をすればこんな風に達観できるようになるのだろうか。まだまだ道のりは遠いように思えてならないのだが。

第3回調停期日 令和3年9月24日

その後も冴羽は何度も説得を試みたが、光代が聞く耳を持たないまま、9月24日、遺産分割調停は第3回期日を迎えた。

調停委員が、葬儀費用についてどうなったかと尋ねる。冴羽は、光代はあくまで葬儀費用は相続人全員で負担すべきと考えていることを説明した。

冴羽の説明が終わらないうちに、光代は堰を切ったように持論をぶちまけた。

「弟たちに任せたって葬式なんてまともにあげられやしないだろうから私が喪主をやってあげたっていうのに、あの子たちは一銭も払わないなんて絶対に許されませんよ。葬式が派手だから気に食わないですって？ そんなの言いがかりよ。どっちにしたって最初から払う気なんてないくせに。そんな取ってつけたような理由まで持ち出してきて、卑しいったらありゃしない。だいたい、相続人全員の合意がないと協議すらできないなんて、そんなおかしなことがあっていいんですか？」

調停委員は少々イラつきをにじませながら、光代の話しを遮って言った。

「分かりました。それでは、裁判官も含めて調停委員会として評議をすることにします」

それから40分ほどして、裁判所から電話がかかってきた。

「お待たせしました。調停委員会として評議しましたが、やはり義男さんが合意しないと言っておりますので、本調停では葬儀費用については取り扱わないこととします」

「そんなのおかしいわよっ！」光代が絶叫し、スピーカーがハウリングを起こす。調停委員は聞こえなかったかのように、次回期日の日程を伝えて早々に電話を切った。

第３回調停期日後　三宅山総合法律事務所にて

光代をエレベーターに乗せて見送ってから、丸山は思わず深いため息をついた。期日終了後、怒り狂う光代をなだめるのに１時間もかかり、やっと帰したところなのだ。

「５億円も遺産があって１人あたり１億７０００万円くらい相続できるなんて、かなり恵まれていますよね。それなのに一人頭１４０万円の葬儀費用を負担するかどうかで２か月以上もめてるって、一体なんなんですかね」

「そうだね」冴羽も苦笑いしている。

「こんなところでごたついていると、のちのちいろいろなところでもめていくようになる可能性がある。でも、なかなか依頼者に分かってもらえないことってあるんだよね。これが難しいところなんだけど、弁護士の目から見て合理的な選択、例えば、葬儀費用について相続人全員での分担を打診してみてダメであればそこは諦めてすぐ次へ進むべき、といった内容の助言があるとする。でも、依頼者がどうしてもいやだと言ったらそのやり方を強制することはできない。だからこそ今回のように、自分の考えを絶対に曲げないという姿勢をとられると我々は困ってしまうんだ。そうはいっても裁判所の法的手続を利用している以上、最後はそこでの運用に従わざるを得ないからね」

第4回調停期日前夜　三宅山総合法律事務所にて

丸山は、またしてもキンキンとまくしたてる光代の声を聞いて気が遠くなりそうになっていた。

義男が第4回調停期日を迎える直前になって、光代が幸子の銀行預金を不正に引き出していたという新たな主張をし始めたため、緊急で打ち合わせを設定したのだ。

義男側の主張はこうだ。幸子の預金の取引履歴を確認したところ[8]、直近10年間、月額30万円から40万円が毎月現金で引き出されている。10年前から足腰が衰えていて、1人ではろくに外出もしていなかった幸子に毎月それほどの支出があるとは考えにくく、その大部分は光代に流用されたものであり、少なくとも月額30万円×12か月×10年分＝3600万円は光代が不正に引き出した使途不明金であり、これは契約関係などの法律上の原因なしに他者の損失において得た利益、すなわち不当利得だ、というものである。

打ち合わせの席で光代は、幸子の通帳を管理していたことと、それらの引き出しが光代自身によるものであることは認めたものの、断じて不当利得などではないという趣旨のことを延々と言い募って

＊8　一般的に、相続が発生すると、相続人は誰でも被相続人の預貯金の取引履歴を取得することができるようになる（背景として、これを肯定する最高裁判決平成21年1月22日民集63巻1号228頁）。取引履歴を取得できる期間は金融機関によって異なるが、直近10年間に限定している金融機関が多い。

いた。

　冴羽はというと、預金の引き出しについては改めて調停期日で反論することを約束するとともに、光代に釘を刺すことを忘れなかった。

「遺産分割事件は、１つひとつを問題にしていこうとすれば、膨大な数の争点が出てきます。葬儀費用であれだけこだわれば、相手方も全面対決モードになるでしょう。これからはご自身の考え方だけを押し通すのではなく、私たち代理人の助言にも耳を傾けたほうが賢明だと思います。気に入らないこともあるかもしれませんが、私たちは光代さんにとって最良だと思われることを助言させていただいているわけですし、相続に関してはプロフェッショナルなのですから」

　光代は黙り込んだ。

　〝ぎゃふん〟という言葉を顔で表現するとこうなるという表情の光代を見て、丸山は思わず吹き出しそうになる。そんなことが知れたら、冴羽にたしなめられるに違いないだろうけれど。

第４回調停期日　令和３年10月29日

　10月29日、第４回調停期日が始まった。

　調停委員はまずは光代側に意見を尋ねた。冴羽は今にも何か言い出しそうな光代を制しながら、詳しくは追って書面で提出する予定であると前置きしたうえで反論を開始する。

「月額30万円から40万円の引き出しは生活費の引き出しに過ぎません。不当利得であると主張されるのであれば、遺産分割調停の中ではなく、別途訴訟を提起していただきたいと考えます」

第4回調停期日後　三宅山総合法律事務所にて

光代を乗せたエレベーターのドアが閉まったのを見届けてから、冴羽は丸山に言った。

「使途不明金の論点は、遺産の範囲の確定までに時間がかかればかかるほど出てきやすくなる。葬儀費用の点でもめずに遺産の範囲を早く確定しておけば、この論点は未然に防げたかもしれないのに、残念だ」

確かにそうだ。こちらが葬儀費用の一件でごたついている間に、相手方にその先の戦略を練る時間を与えてしまったのだから。

「それにしても冴羽先生、月額30万円から40万円の引き出しというのは、義男さんが指摘するとおり幸子さんの支出にしては多過ぎませんか」

「そうだね。当然、幸子さんのためだけの支出ではないはずだ。しかし、そこを無理のない範囲でどうやってこちらの有利なように説明するかが、腕の見せ所だよ」

第５回調停期日　令和３年11月26日

預金の引き出しについての実態はこうだった。

光代夫婦が幸子と同居を始めたとき、幸子は自分との同居で何かと迷惑をかけるからと、夫婦の生活費すべてを負担してくれることとなった。そのため、光代は幸子の承諾の下、毎月30万円から40万円を幸子の口座から引き出して、幸子と光代夫婦、合わせて３人の生活費に充てていたのである。

このことに関して冴羽は、書面および口頭で、おおむね次の構成で、使途不明金でない旨の主張を行った。

１　民事訴訟において、最高裁判例に従えば、「民法七〇三条の規定に基づき不当利得の返還を請求する者は、利得者が『法律上ノ原因ナクシテ』当該利得をしたとの事実を主張・立証すべき責任を負っている」[9]。よって、本件では義男が、法律上の原因の不存在、即ち、光代の預貯金引出権限の不存在を証明しなければならない。

そして、証明とは、「高度の蓋然性を証明することであり、その判定は、通常人が疑を差し挟まない程度に真実性の確信を持ちうるものである」[10]。

よって、本件において義男は、光代の預貯金引出が不当利得であるとの民事訴訟を提起するので

＊９　最高裁判決昭和59年12月21日集民143号503頁
＊10　最高裁判決昭和50年10月24日民集29巻９号1417頁（ルンバール事件判決）

あれば、通常人が疑を差し挟まない程度に真実性の確信を持ちうるレベルで、光代が預貯金引出権限を有していなかったことを証明する責任を負い、義男がその証明に成功しない限り不当利得の存在は認定されない。その証明ができないのであれば、民事訴訟において認められない主張を調停で主張しているに過ぎず、調停でもやはり不当利得の存在は認められない。

2　幸子が他界するまでの10年間、月額30万円から40万円の引き出しが継続的に行われ、幸子や光代夫婦の生活費に充てられている。光代は10年もの長期にわたって幸子の通帳類を保管していたが、その間、幸子から残高や口座管理に関して疑念や異議・異論を述べられたことはなく、光代は終始一貫して幸子から通帳類の保管を委ねられていた。これは、光代が幸子から頼まれてかつ幸子のために預貯金を管理していたこと、および幸子や光代夫婦の生活費として毎月30万円から40万円の預貯金を引き出すことを幸子が承諾していたことを示しており、光代が預貯金引出権限を有していたことの証左である。なお、この10年間、幸子の認知能力に問題がないことについて争いはない。

冴羽の反論を踏まえて、調停委員が義男に対し、これに関して別途訴訟を提起する予定があるか確認したが、義男はそこまでして争うつもりはないとのことだった[11]。

こうしてようやく、11月26日の第５回調停期日で、遺産の範囲を自宅土地・グランドヒル世田谷・預貯金・有価証券およびグランドヒル世田谷のローンとする中間合意がなされた。

＊11　解説編では154ページ（ポイント５）で説明している。

この時点ですでに、第1回調停期日から実に5か月近くの月日が経過し、季節は夏から秋、そして冬へと移り変わっていたのである。

第6回調停期日前夜　三宅山総合法律事務所にて

光代は冴羽から、裁判所に提出する書類の確認を求められていた。12月24日に行われる第6回調停期日では、遺産の評価が争点となる。段階的進行モデルにおける3つ目のステージである。

「自宅土地については、次の期日で８７５０万円と主張するとおっしゃってましたよね。裁判所に提出する査定書には、自宅土地は1億２５００万円、グランドヒルは2億７０００万円と書かれていますけど。先生、自宅土地について金額を随分と低く勘違いなさってるんじゃありません？」

10月下旬の打ち合わせで偉そうに説教の真似事をしてきた仕返しに、間違いを指摘して恥をかかせてやるつもりだったのだが、冴羽は満足げにうなずいて言った。

「いいポイントに気がつきましたね。自宅土地は、不動産価額としての中央値は1億４０００万円程度で、査定価額の1億２５００万円というのはあり得る不動産価額としては低めのラインです。でも、自宅土地の取得を狙っている我々としてはもっと低めに抑えたいところですよね。

ところで、お母様名義の自宅土地の上には光代さんのご主人名義の建物が建っていますが、ご主人はこれまでお母様に地代を支払ったことはないということでしたので、これは、法的には使用貸借ということになります。ある程度適切な対価を支払って借りるのが賃貸借で、適切な対価の支払いなしで借りるのが使用貸借なのです。

賃貸借の場合であれば、借りている人には賃借権という権利があり、賃借権は借地借家法という法律で強力に保護されているので、おおむね借りている人はその土地の価額の７割程度の価値を持っていると考えられています。一方、使用貸借の場合は、借りている人には使用借権という権利がありますが、適切な対価の支払いなしで借りていることから使用借権は借地借家法による保護は受けません。とはいえ、借りている人はその土地の価額の１割から３割程度の価値を持っていると考えられています。

そのため、自宅土地の査定が１億２５００万円なのであれば、その１割から３割は光代さんのご主人に帰属しているといえるため、自宅土地の評価はその分を差し引いた１億２５００万円×（１００％－30％）＝８７５０万円であると主張するのです[12]」

母と同居をすると決めたとき、もともと住んでいたマンションは引き払ってきた。気弱な夫は表立っては言わないが、高齢の義母と暮らすことには抵抗があるようだったし、ましてやマンションを引き払うのは、子供たちから実家を奪うことになり可哀想だと最後まで弱々しく反対していたのだが、建物を夫名義にすることや、母亡き後はいずれ自分たちが土地も相続するに違いないことを材料に、

＊12　このように、土地の所有者からすると、使用借権により土地の価額が１割から３割減価してしまうことになる。これを「使用借権減価」という。解説編では155ページ（ポイント６）で説明している。

最後は光代の意見を押し通す形で同居に突入したのである。それだけに、光代は自宅土地をなんとしても相続したいと考えていた。それも、少しでも自分に有利な形で。

＊

第６回調停期日の１週間前に義男の弁護士・北尾から冴羽あてに送られてきた主張書面によると、義男は自宅土地について２億円、グランドヒル世田谷を３億３０００万円であると主張しているらしい。

冴羽は光代に説明した。

「自宅土地については、金額に乖離があり過ぎて折り合いがつかないでしょうから、裁判所鑑定になっても仕方ないと考えています。ただ、グランドヒルに関しては、近年不動産市場が過熱しており、このような投資用物件は特に引き合いが強いことや、双方の不動産評価の中間値である３億円は合理的な金額であることを踏まえれば、できる限り裁判所鑑定は避けたほうがいいでしょう。裁判所鑑定は当事者の主張する金額に拘束されませんので、想定以上にこちらに不利な高い評価が算出されてしまうおそれもありますから[13]」

＊13　解説編では145ページ（第５章ポイント８）で説明している。

第6回調停期日 令和3年12月24日

光代は、今回ばかりは冴羽の助言に従い、自宅土地についてはあくまで8750万円であるとの主張を続けたが、グランドヒル世田谷については、12月24日に実施された第6回調停期日において、当事者の主張の中間値である3億円と評価することで合意した。

またこの日は、自宅土地について裁判所鑑定を実施することも決定した。相続発生の令和3年1月25日からまだ1年以内であることから、仮に特別受益や寄与分が問題になり相続開始時の評価が必要になった場合であっても[14]、グランドヒル世田谷と自宅土地のどちらについても、相続開始時の評価は直近時点の評価と同じとして取り扱うこととなった。

自宅土地の鑑定結果が出たのは、幸子の一周忌直後の、令和4年1月28日のことであった。

＊14 物語編第1章32ページで、冴羽もこの不動産鑑定における2時点評価について説明している。

K1234-M4321号
令和４年１月２８日

奈良家庭裁判所　家事部１係　御中

不動産鑑定評価書

令和３年（家イ）第５１号遺産分割申立事件

駒井不動産鑑定事務所
不動産鑑定士　駒井　竜馬

ご依頼のありました令和３年（家イ）第５１号遺産分割申立事件における東京都世田谷区太子堂×丁目×番×号所在の土地の不動産鑑定評価につきましては、次葉のとおり評定いたしましたのでご報告申し上げます。

K1234-M4321号
令和４年１月２８日

不動産鑑定評価結果の要旨

鑑定の目的：令和３年（家イ）第５１号遺産分割申立事件
対象不動産の類型：使用借権付土地として
価格の種類：正常価格
価格時点　：鑑定評価時点：令和３年１２月２４日

〈不動産鑑定評価の結果〉
１億０４００万円

建付地価格（①）	１億３０００万円
１００％－使用借権割合（②）	１００％－２０％
使用借権付土地の価格（③＝①×②）	１億０４００万円

鑑定結果発表後　三宅山総合法律事務所にて

朝からどうも腹の調子が悪い。男子トイレの鏡に映るどんよりとした自分の顔を見つめ、丸山はため息をついた。

心当たりは大いにある。これから光代が来所することになっているのだ。日頃の彼女の言動からすると、1億0400万円の鑑定結果は、義男が主張していた2億円より大幅に低いものの、冴羽が主張した8750万円よりは幾分か高いため、何か言ってくるに違いない。嫌な予感しかしなかった。

鑑定結果を聞いた光代は案の定、みるみる不機嫌な顔になり、冴羽の説明を遮って抗議を始めた。

「ちょっと冴羽先生、1億0400万ってどういうこと？　あなた8750万って言ったじゃないの。よりによって1億を超えるなんて話が違うわ。やり直しよ、やり直し！　今すぐやり直してちょうだい」

――あぁ、もう勘弁してくれよ…2億よりだいぶ低いんだからそれでいいじゃんかよ…

頭を抱える丸山をよそに、冴羽は淡々と応対を続ける。

「鑑定をやり直すことはできません。裁判所鑑定に先立って、当事者は鑑定の結果に従う旨をあらかじめ誓約しているからです。それに、そもそも8750万円という評価はあくまで我々の主張に過ぎず、裁判所鑑定がそれを採用するとは限りませんので、1億0400万円という結果が出ても不思議はありません」

「だからって1億を超えるなんておかしいじゃない！」

「光代さん、今後も遺産分割調停を続けていくうえで覚えておいていただきたいことがあります。それは、百点満点の勝利でなくても、ある程度のラインで良しとすることです。今回の鑑定に限らず、弟さんたちにも法定相続分がある以上、光代さんが一方的に勝つことは極めて難しいでしょう。ご自身の希望が100％通らなかったからといってそのたびに争っていては、調停をいたずらに長期化させるだけですよ」

よくぞ言ってくれた。丸山は冴羽に、心の中で喝采を送った。

第7回調停期日　令和4年2月4日

遺産の評価も出そろったところで、調停は特別受益・寄与分確定のステージへと移っていく。

令和4年2月4日に行われた第7回調停期日において、まず冴羽は光代の寄与分について主張した。直近10年間幸子の介護をしてきたこと、そして22年間にわたってグランドヒル世田谷を管理してきたことに関する寄与分である。

令和4年2月4日提出

療養看護型寄与分主張整理表

作成者 相手方森田光代手続代理人
弁護士 冴羽龍一
弁護士 丸山大介

被相続人　吉田幸子

番号	本人の状態	介護日数	介護の内容	介護の対価・同居の有無	証拠資料	資料番号
1	足腰が弱っており要介護1	期間: 平成23年1月5日 ～ 令和3年1月25日 計3674日 ー 入院・入所及び介護サービス等利用日数 計74日 ＝実際に介護をした日数3600日	食事・入浴・トイレ等の介助，服薬管理など	対価：☑無 □有 （　　　円） 同居：□無 ☑地代・賃料を払わず同居 □地代・賃料を払って同居 （　　　円）	要介護認定通知書 病院入院時の支払証明	乙10 乙11
2		期間:　　年　月　日～　年　月　日 計　　日 ー 入院・入所及び介護サービス等利用日数 計　　日 ＝実際に介護をした日数　　日		対価：□無 □有 （　　　円） 同居：□無 □地代・賃料を払わず同居 □地代・賃料を払って同居 （　　　円）		

令和4年2月4日提出

財産管理型寄与分主張整理表

作成者　相手方森田光代手続代理人
弁護士　冴羽龍一
弁護士　丸山大介

被相続人　　　吉田幸子

番号	寄与の時期・主張・給与 （管理することになった経緯と管理対象，具体的な管理内容）		被相続人との生活状況
1	＜時期＞ 平成11年12月～令和 3年1月25日まで ＜経緯・内容＞ グランドヒル世田谷の賃借人募集、契約締結、賃料回収、賃借人からの問合せ対応、退去対応等 ＜被相続人からの給付の有無＞ □なし ☑あり（毎月20万円）		□別居 ☑地代・家賃を払わず同居 □地代・家賃を払って同居 （　　　　円） **あなたの生活費** ☑被相続人がすべて負担した □被相続人に対し，月額__円を支払っていた □被相続人は負担していない
	主張を裏付ける資料（番号）	・金銭出納帳（甲13）・賃貸借契約書（甲14） ・被相続人の確定申告書（甲15）	
2	＜時期＞ 平成・令和＿＿年＿＿月から平成・令和＿＿年＿＿月まで ＜経緯・内容＞ ＜被相続人からの給付の有無＞ □なし □あり（時期・額　　　　　　円）		□別居 □地代・家賃を払わず同居 □地代・家賃を払って同居 （　　　　円） **あなたの生活費** □被相続人がすべて負担した □被相続人に対し，月額__円を支払っていた □被相続人は負担していない
	主張を裏付ける資料（番号）		

対する北尾は、幸子の介護やグランドヒル世田谷の管理を光代が行っていたこと自体については争わず、しかしながら①幸子の要介護度は1に過ぎず特別な寄与に相当するほどの介護は不要と考えられること、②光代夫婦が幸子の自宅土地を無償で使ってきたこと、③光代がグランドヒル世田谷の1室を無償で使用してきたこと、④光代は幸子から月額20万円の管理費をもらっていたことから、光代に寄与分は成立しない旨を主張した。

さらに、次のような理論を展開し、むしろ光代には特別受益があると主張した。

1　幸子の預金通帳からは直近10年間、月額20万円の光代への管理費の支払いとは別に月額30万円から40万円が毎月現金で引き出されている。幸子1人ではそれほど支出がないため、その大部分（少なくとも月額30万円ほど）は光代に贈与されていたと考えられる。そのため、月額30万円×12か月×10年分＝3600万円は光代の特別受益といえる。

2　自宅土地上に光代の夫名義の建物があるが、当該建物は幸子が光代の夫に贈与し名義を書き換えたものであるから、建物の名義変更につき光代には特別受益がある。

3　光代はグランドヒル世田谷の1室を事務所として無償で使用しているから、その賃料分につき特別受益がある。

預金引き出しの件は、遺産の範囲には含まれないということで決着がついたとばかり思っていたのに、今度は特別受益という方向から攻めてくるとは。

――どうせ安く雇われたちんけな弁護士のくせに。適当なことをぬかして。

光代は、今すぐ北尾に何か言ってやりたい気分だった。交互調停であるのがもどかしい。

――第8回調停期日 令和4年3月11日、第9回調停期日 令和4年4月15日

3月11日、冴羽は第8回調停期日において、前回の義男側の主張に対し次のような反論を行った。

1　義男が主張する3600万円の贈与に関しては、主に幸子の生活費として引き出し、実際に幸子の生活費に充てていたため、特別受益にはあたらない。

2　自宅土地上の建物の名義変更に関しては、光代の夫が利益を受けているのであって、光代本人が利益を受けているのではない。また、もし光代の夫の利益が光代本人の利益と評価される場合であっても、幸子はこの利益を相続の際に考慮しなくてよいと考えていた。[15]

3　グランドヒル世田谷の1室の無償使用に関しては、そもそも理論的に特別受益には該当しない。

そして、翌月に行われた第9回調停期日でも、義男側と光代側の攻防は続いた。

＊15　これを「持戻し免除の意思表示」という。物語編第1章39ページの脚注18も参照されたい。

第10回調停期日　令和４年５月20日

５月20日、調停委員は、第10回調停期日において調停委員会として評議を行った結果、暫定的な心証として次のような開示をした。

１　義男が主張する３６００万円の贈与に関しては、幸子の生活費としての支出が大部分である可能性があり、幸子から光代への贈与を明確に立証できていない以上、特別受益とは認定し難い。

２　自宅土地上の光代の夫名義の建物に関しては、利益を受けているのが光代の夫であるため、形式的には持戻しの対象とはならないと考えられる。もっとも、実態としては光代が利益を受けている関係にもあることから、本調停委員会としては、半分程度を光代の特別受益として考慮するのが適切ではないかと考える。[16] 具体的には、光代の夫が有する使用借権の価値が、鑑定の結果算出された自宅土地の更地価格１億３０００万円から使用借権負担付価格１億０４００万円を引いた２６００万円であるから、その半分である１３００万円程度を光代の特別受益として考慮するのが適切ではないかと考える。

３　グランドヒル世田谷の１室の無償使用に関しては、様々な見解があるものの、それによってグランドヒル世田谷の財産的価値が低下している訳ではないから、本調停委員会としてはそもそも特別受益とは考えない。[17]

＊16　解説編では156ページ（ポイント７）で説明している。

＊17　特定の相続人が利益を得ていると思えることであっても、それによって相続財産が直接的に減少していないのであれば、必ずしも特別受益とは捉えられない。解説編では156ページ（ポイント７）で説明している。

4　介護に関しては、幸子の要介護度が1に過ぎないことおよび光代夫婦の自宅土地の無償使用を踏まえると、寄与分を認めることは難しい。また、グランドヒル世田谷の管理に関しても、月額20万円の管理費受け取りおよびグランドヒル世田谷の1室の無償使用を踏まえると、やはり寄与分を認めることは難しい。

第10回調停期日後　三宅山総合法律事務所にて

「私の貢献が認められないなんてあり得ない！　これじゃあ何もかも〝やり損〟じゃないの。だいたい20万の管理費がなんだっていうのよ、あれは受け取って当然のお金なんだから。なんとかしてちょうだい！」

窓外には初夏の爽やかな陽気に包まれた日比谷公園が広がっているが、じっとりと重たい空気が支配する会議室には光代の声ばかりが響き渡り、丸山はほとんど窒息寸前だった。

冴羽と丸山は、調停委員会が提示した暫定的心証は常識的な判断であり、光代にとっても悪くない内容であることをくり返し説明するしかなかった。

1時間のはずの打ち合わせが1時間半経過し、2時間を超えた頃、秘書が会議室に入って来て次の来客をメモで伝えたため、冴羽は丁重に打ち合わせを終わらせた。

丸山がエレベーターホールまで見送る間、光代は怒りの矛先を今度は丸山に向けてきた。

「だいたいあなた、いつも冴羽先生の陰に隠れてだんまりを決め込んでるけど、何をやっているの。こっちは高いお金を払ってるんですから、その分の仕事くらいはちゃんとしてるんでしょうね。なんですか、その目は。どうせカスタマーハラスメントとか思っているんでしょう。あぁ嫌だわ、最近の若い子は。ゆとりっていうのかしら、根性がないのよね。今度私にそういう態度をとったら、冴羽先生にアシスタントの交代をお願いするわよ。分かったわね、中山さん！」


一気にそうまくしたてると、光代は到着したエレベーターにさっさと乗り込みこちらを見ようともせずに行ってしまった。

「中山じゃなくて丸山です…」と訂正する自分の声が、無人のエレベーターホールに弱々しく響いた。

＊

翌日の午後、冴羽と内部打ち合わせをしていると、北尾から電話がかかってきた。冴羽が会議室備え付けの電話に出て、丸山にも聞こえるようすぐにスピーカーモードに切り替える。

それは抗議の電話だった。その日の午前11時頃光代から電話があり、2時間以上にわたって罵詈雑言を浴びせられ続けたというのだ。そのときの録音をメールに添付して送ったから、確認して欲しいという。

早速冴羽とともに録音を再生する。そこには、「金もない義男の弁護を引き受ける食い詰め者」だの「三流大学出の落ちこぼれ弁護士」だのといった光代の無知と偏見に満ちた聞くに堪えない誹謗中傷の数々や、「絶対に懲戒請求してやる」といった脅迫めいた発言まではっきりと記録されていた。

実は、冴羽と丸山は北尾のことはある程度知っている。以前、偶然にも別の訴訟で何度か対面したことがあったのだ。北尾は大学こそ有名校出身ではないものの、当然のことながら食い詰め者でも落ちこぼれでもない。実直で話の分かる、常識的な弁護士だ。

丸山は改めて光代のヒステリックさに嫌気がさすとともに、冴羽がどう動くか、がぜん興味がわいてくる。

冴羽は光代に電話をかけ、至急事務所に来所させた。北尾への電話について問い詰めると、光代は言いたいことを相手方の弁護士に言って何が悪いと開き直っている。

冴羽はいつになく強い口調で言った。

「言いたいことがあるときは代理人である私たちを通すのが筋です。あなたと北尾弁護士が直接やり取りすべきではありません。それに、あなたの電話での発言のいくつかは脅迫罪にも該当し得るような内容でしたし、2時間以上にわたってクレームを入れ続けるというのは業務妨害罪にも該当する可能性があります。もし今後もこのような事態が起きた場合、私たちはとてもあなたの代理人を継続できませんから、そのときは即刻辞任します。二度とこのようなことをしないよう肝に銘じて下さい。いいですね」

光代は不満そうな顔つきで押し黙る。丸山もまた、普段は穏やかな冴羽のすごみのある気迫に圧倒されていた。

第11回調停期日　令和４年６月24日

６月24日、第11回調停期日において、調停委員の見解を踏まえて次のような中間合意がなされた。光代は、北尾への電話を咎められた件以降少しばかりトーンダウンし、中間合意を渋々受け入れたのである。

第１１回期日調書

事件の表示　令和３年（家イ）第５１号　遺産分割申立事件
期　　日　令和４年６月２４日午後1時３０分
場 所 等　奈良家庭裁判所
裁 判 官　麻生　かおり
家事調停委員　清水　恵子、野々村　健太郎
裁判所書記官　林　瑞穂
出頭した当事者等　申立人　吉田　義男
同手続代理人　北尾　裕也
相手方　森田　光代
同手続代理人　冴羽　龍一、丸山　大介
（上記３名　相手方森田光代手続代理人事務所
××－××××－××××）
相手方　吉田　友信

次 回 期 日　令和４年７月２９日午後1時３０分

手 続 の 要 領 等

当事者全員
次のとおり合意した。
1　相手方森田光代に１３００万円の特別受益があり、申立人及び相手方吉田友信に特別受益がない。
2　全当事者に寄与分がない。
3　全当事者は前２項以外に特別受益及び寄与分に関する主張を行わない。

裁判所書記官　林　瑞穂

（注）この調書は、期日の数日後、裁判所から受領したものである。

第12回調停期日　令和４年７月29日

７月29日、いよいよ最後のステージである遺産の分割方法に関する議論が始まった。

冴羽の主張はこうだ。光代は現在に至るまでの10年間、自宅土地上の夫名義の建物に居住してきたため、自宅土地は光代が相続するのが妥当である。また、グランドヒル世田谷については建設当初から光代が一貫して管理してきたことから、今後も光代が管理を継続することが適切であり、したがってグランドヒル世田谷も光代が相続すべきである。もちろん、適切な代償金は義男や友信に対して支払う用意がある。

義男は、自宅土地のみならずグランドヒル世田谷まで光代が相続するのは不公平に過ぎる、グランドヒル世田谷は自分が相続したいと主張した。

友信は、ここにきてようやく意見らしい意見を言ったらしく、誰が何を取得するかで兄弟間でもめるのは嫌なので、いっそのこと、すべての財産を法定相続分の３分の１ずつ共有したらよいのではないかと述べたそうだ。

いかにも友信らしい発想だと光代は思った。３人仲良く共有なんて今更できるわけがない。だいいちあの土地もマンションも、すべて私がもらうべきものなのだから。

〔光代が主張する遺産分割案〕

	裁判所評価	光代	義男	友信
自宅土地	104,000,000円	104,000,000円		
グランドヒル世田谷	300,000,000円	300,000,000円		
預貯金	100,000,000円		25,000,000円	75,000,000円
有価証券	50,000,000円		50,000,000円	
負債（マンションローン）	▲60,000,000円	▲60,000,000円		
合計（＊１）	494,000,000円	344,000,000円	75,000,000円	75,000,000円
特別受益		13,000,000円		
法定相続分に従った場合の具体的相続分（＊２）		156,000,000円	169,000,000円	169,000,000円
代償金		▲188,000,000円	94,000,000円	94,000,000円
代償金加味後の相続分		156,000,000円	169,000,000円	169,000,000円
特別受益・代償金加味後の相続分		169,000,000円	169,000,000円	169,000,000円

＊１　その他、光代を受取人とする生命保険金１億円がある。

＊２　法定相続分に従った場合の具体的相続分は、義男と友信はそれぞれ、（遺産合計494,000,000円＋光代の特別受益13,000,000円）×３分の１＝169,000,000円、特別受益のある光代はそこから13,000,000円を差し引いた156,000,000円である。

第13回調停期日　令和４年９月２日

９月２日に行われた第13回調停期日にて、冴羽はグランドヒル世田谷の分割方法について次のような主張を展開した[18]。なお、自宅土地については光代に取得させる形での代償分割という点で義男も友信も特段争ってはいないため、主張内容はグランドヒル世田谷に絞っている。

＊18　冴羽が提出した主張書面は、解説編157ページ（ポイント８）で説明する、遺産の分割方法の優先順位に沿った書きぶりとなっている。

令和３年（家イ）第５１号　遺産分割申立事件
申立人　　吉田義男
相手方　　森田光代　外１名
被相続人　吉田幸子

相手方第５主張書面
（グランドヒル世田谷の分割方法について）

令和４年９月２日

奈良家庭裁判所家事部１係　御中

相手方森田光代手続代理人
弁護士　冴　羽　龍　一
弁護士　丸　山　大　介

第１　現物分割は適切ではない

グランドヒル世田谷は一棟マンションであり、維持・管理の観点からは、区分所有登記をして部屋ごとに分割するのではなく、マンション全体を１人の相続人に取得させることが適切である。よって、現物分割ではなく、他の分割方法によるべきである。

第２　相手方光代にグランドヒル世田谷を取得させる代償分割が適切である

相手方光代は、グランドヒル世田谷について、設計・建設を主導し、その後22年間にわたり維持・管理を一身に担ってきた。また、グランドヒル世田谷には相手方光代が22年間事務所を置いてきた。相手方光代にとって、グランドヒル世田谷は長期間にわたり仕事の基盤でありその重要な一部となっているから、現状が尊重されるべきである。加えて、相手方光代がグランドヒル世田谷を取得する場合、その代償金の支払原資は確保済みである。具体的には、申立人義男及び相手方友信への代償金合計１億8800万円につき、手元資金で１億3000万円[19]を支払うことができ、かつ、自宅土地とグランドヒル世田谷にそれぞれ担保設定することにより、5800万円の融資を受けることが可能である（別紙通帳写し及び融資証明書参照）。

第３　申立人義男にグランドヒル世田谷を取得させる代償分割は適切でない

申立人義男は、これまでグランドヒル世田谷に全く関与しておらず、不動産業に明るくもない。また、大阪に居住しており、グランドヒル世田谷を管理することが容易でもないと考えられる。加えて、申立人義男は代償金の支払能力に疑義がある。

第４　グランドヒル世田谷の共有分割は適切ではない

相手方友信はグランドヒル世田谷につき共有分割を主張するが、共有分割は遺産分割紛争の先送りに過ぎず、紛争解決のあり方として適切ではない。

以上

＊19　うち１億円は光代を受取人とする幸子の生命保険金である。

〔義男が主張する遺産分割案〕

	裁判所評価	光代	義男	友信
自宅土地	104,000,000円	104,000,000円		
グランドヒル世田谷	300,000,000円		300,000,000円	
預貯金	100,000,000円			100,000,000円
有価証券	50,000,000円			50,000,000円
負債（マンションローン）	▲60,000,000円		▲60,000,000円	
合計（*）	494,000,000円	104,000,000円	240,000,000円	150,000,000円
特別受益		13,000,000円		
法定相続分に従った場合の具体的相続分		156,000,000円	169,000,000円	169,000,000円
代償金		52,000,000円	▲71,000,000円	19,000,000円
代償金加味後の相続分		156,000,000円	169,000,000円	169,000,000円
特別受益・代償金加味後の相続分		169,000,000円	169,000,000円	169,000,000円

*　その他、光代を受取人とする生命保険金１億円がある。

これに対して義男側は、光代が自宅土地もグランドヒル世田谷も取得することは相続人間の公平を害すると主張し、グランドヒル世田谷に抵当権を設定して追加融資７１００万円を受けることで代償金を支払えると主張したが、それを裏づける銀行支店長名義の融資証明書等を提示することはできなかった。

第14回調停期日　令和４年10月７日

10月７日の第14回調停期日において、義男は今度は、グランドヒル世田谷の賃料収入を原資に代償金を分割払いできるから、自らがグランドヒル世田谷を取得することになんら問題はないと主張した。しかし冴羽は冷静に、第15回調停期日の１週間前に、次のような主張書面を裁判所に提出したのである。

令和３年（家イ）第５１号　遺産分割申立事件
申立人　　吉田義男
相手方　　森田光代　外１名
被相続人　吉田幸子

相手方第６主張書面
（代償分割における代償金支払いについて）

令和４年１１月４日

奈良家庭裁判所家事部１係　御中

相手方森田光代手続代理人
弁護士　冴　羽　龍　一
弁護士　丸　山　大　介

申立人義男は、申立人義男がグランドヒル世田谷を取得する代償分割を主張する。これにつき申立人義男はこの代償金の支払いについて融資証明書を提出できていないものの、グランドヒル世田谷の賃料収入を原資に分割払いができるとも主張する。

しかし、代償分割の場合、当該財産を取得する相続人は遺産分割成立時に当該財産の所有権を取得するのに対し、代償金を受領する側は代償金の支払いを受けるまで代償金を確保できない。そのため、代償金の支払いは、相続人間の公平の観点から、遺産分割成立時に即時になされることが原則である。仮に申立人義男の主張の通り、申立人義男がグランドヒル世田谷を取得する場合、その代償金は当然即時になされるべきである。

従って、グランドヒル世田谷の賃料収入を原資に代償金を分割払いするという申立人義男の主張は、申立人義男にグランドヒル世田谷の完全所有権を遺産分割時に確保させる一方、相手方らを代償金の受領につき不確実性のリスクにさらし、相続人間の公平を著しく損なうものであり、到底採用されるべきではない。

以上

第15回調停期日　令和４年11月11日

そして迎えた第15回調停期日当日、光代・冴羽・丸山は２時間以上待たされ続けていた。

「こんなに待たせるなんて失礼じゃない。もう帰るわ！」

さっきから同じ言葉をくり返す光代を、冴羽が辛抱強くなだめる。

「１週間前に我々が提出した書面を受けて、調停委員は義男さんと友信さんを説得しているのだと思います。もうしばらく待ってみましょう」


ほどなくして、ようやく裁判所から電話がかかってきた。冴羽の読みどおり、調停委員は義男にグランドヒル世田谷を断念するよう説得を続けていたそうだ。義男は、グランドヒル世田谷の取得を最後まで強く希望していたものの、調停委員から再三説得され、そして途中からは北尾も説得に加わり、最終的には諦めることにしたそうだ。友信も、兄がそれでいいのならと応じたらしい。

しかし北尾は、無条件に諦めることを勧めたわけではないようだった。グランドヒル世田谷の取得自体は断念するけれども、不動産ばかり取得する光代は、現金や有価証券を取得する義男に比べて相続税が圧倒的に安くなり不公平だから、義男が受け取る代償金の金額を引き上げるべきだと主張しているとのことだ。[20]

＊20　解説編では161ページ（ポイント９）で説明している。

＊

「調停は話し合いなんだから、調停委員の説得に応じなくてもいいのよね？　それなのに、なぜ義男は最終的に諦めたのかしら。やっぱりついてる弁護士がダメだったから？」

期日終了後、狙ったとおりの結果に気分が良くなり半ば冗談のつもりで言ったのに、冴羽は真顔で答える。

「いいえ、それは違います。確かに、遺産分割調停は裁判所における話し合いです。しかし、遺産分割調停が決裂した場合は原則として審判手続に移行し、裁判所が職権で判断を行います。そして、遺産分割調停と遺産分割審判の担当裁判官は同じことが多いので、遺産分割調停における調停委員会の意向は、遺産分割審判で裁判所がどのような判断を下すかを示唆しているのです。したがって、遺産分割調停における調停委員会の意向を無視して遺産分割審判に突き進んでも、結局は同じ判断が出される可能性が高いのです。このようなことを総合的に考慮して、義男さんと北尾弁護士は調停委員会の説得に応じたのでしょう。極めて合理的な判断だったと思いますよ」

そういえば最初の打ち合わせで冴羽が、「遺産分割調停と遺産分割審判は連動しているから、遺産分割調停は遺産分割審判から逆算して動くべき」などと説明していた気がする。

思いどおりの結果になりさえすれば、光代にとってそのからくりはなんでもよいのだが。

第16回調停期日　令和４年12月９日

12月９日、ついに遺産分割調停が成立した。光代は自宅土地とグランドヒル世田谷の確保に成功した。具体的には、光代が自宅土地とグランドヒル世田谷を相続し、マンションローン６０００万円を引き継ぐとともに、義男と友信に対しそれぞれ１億円の代償金を支払うこととなった。

形式的には９４００万円ずつ代償金を支払えば均衡はとれているのだが、前回の期日で北尾が指摘した相続税との関係で、光代は義男・友信よりもそれぞれ１２００万円程度相続税の負担が軽いこととキリの良さも踏まえて、代償金をそれぞれ１億円に引き上げることで調整したのである。

合計２億円の代償金のうち１億円は、光代を受取人とする幸子の１億円の生命保険金で賄えた。残る１億円についても、光代の貯金３０００万円と、自宅土地およびグランドヒル世田谷を担保に入れて得た銀行融資７０００万円で、用意することができた。また、冴羽は光代の税理士にも相談し、マンションローン６０００万円と銀行融資７０００万円の合計１億３０００万円の借入れにつき、グランドヒル世田谷の賃料収入で返済できると確認することも忘れなかった。

義男は、預貯金１億円のうち２５００万円と有価証券５０００万円を取得したうえで、光代から１億円の代償金の支払いを受けることになった。そして友信は、預貯金１億円のうち７５００万円を取得したうえで光代から１億円の代償金の支払いを受けることとなったのである。

〔成立した遺産分割調停の概要〕

	裁判所評価	光代	義男	友信
自宅土地	104,000,000円	104,000,000円		
グランドヒル世田谷	300,000,000円	300,000,000円		
預貯金	100,000,000円		25,000,000円	75,000,000円
有価証券	50,000,000円		50,000,000円	
負債（マンションローン）	▲60,000,000円	▲60,000,000円		
合計（＊１）	494,000,000円	344,000,000円	75,000,000円	75,000,000円
特別受益		13,000,000円		
法定相続分に従った場合の具体的相続分		156,000,000円	169,000,000円	169,000,000円
代償金		▲200,000,000円	100,000,000円	100,000,000円
代償金加味後の相続分		144,000,000円	175,000,000円	175,000,000円
特別受益・代償金加味後の相続分		157,000,000円	175,000,000円	175,000,000円
相続税（＊２）		19,500,000円	34,600,000円	34,600,000円

＊１　その他、光代を受取人とする生命保険金１億円がある。

＊２　相続税は税理士による概算額。なお、光代から義男・友信への各代償金を9400万円から１億円に引き上げたことによって、光代の取得財産が減るのでその分光代の相続税は安くなり、一方で義男・友信の取得財産は増えるのでその分両者の相続税は高くなる。そのため、支払う相続税の差が約1500万円にまで広がっている。

第16回調停期日後　霞が関の中華料理店にて

「やっと終わりましたね、冴羽先生。もう疲れ果てましたよ」

丸山は冴羽と、三宅山総合法律事務所すぐ隣のビルの地下にある中華料理店で、ささやかな打ち上げをしていた。

「そうだね、疲れるし、難しい事案でもあったね。自宅土地を光代さんが確保できることは明らかだったけれども、グランドヒルはかなり微妙な線だったように思う。

今回は、グランドヒルの評価を想定の範囲内に抑えたこと、特別受益の主張をおおむね抑えたこと、グランドヒル取得に意欲を燃やしていた義男さんに代償金支払能力がなくそこを徹底して突いたこと、光代さんを受取人とする１億円の生命保険金があったから光代さんが高額の代償金を捻出できたことが大きなポイントだったね。丸山先生、一緒に頑張ってくれてありがとう。本当にお疲れ様」

久々に味わう解放感も手伝って、丸山は大いに飲んで食べた。〆の天津飯もぺろりと平らげ、デザートは何にしようかとメニュー表を熟読する。

ふと顔をあげると、冴羽は天津飯を険しい顔つきで見つめていた。よく見ると、皿に椎茸とグリーンピースばかりが山盛りになって残っている。

丸山の視線に気づいて恥ずかしそうに笑うその姿が、普段の冴羽とは似ても似つかなくて、丸山はたまらず吹き出した。

もっとこの人と一緒に仕事をしてみたい。心から丸山はそう思っている。

第3章
遅咲きのスミレ

秀一　12歳

「本当に、お宅の秀一くんは優秀よね。うちの子とは頭の出来が違うみたい」

同じクラスの中村くんのお母さんが、母・貴子と立ち話をしながらこちらを見て言っている。すかさず亀山秀一は、はにかみながらも素直に子供らしい嬉しさをにじませるという、絶妙な表情を作ってみせる。試行錯誤の末にあみだした、この手の褒め言葉に対する誰にも反感を買われない反応だ。

中村くんのお母さんと別れ、秀一は母と並んでゆっくりと夕方の街を歩き出す。

「秀ちゃんはなんでもよくできるから、お母さん鼻が高いわ。この子が生まれたら、きっと自慢のお兄ちゃんになるわね」

そう言って母は、ふくらんだ腹を満足そうになでさすった。

――頭の出来が違うんじゃない。僕は人の何倍も努力しているんだ

秀一は、小さな体で大きなプレッシャーを背負っていた。

父・達郎は東京都立川市周辺で代々続く大地主で、秀一は幼少期から何不自由なく暮らしてきた。クラスメイトの中で規格外に大きい家に住み、常にブランドの子供服を着て。

しかし、秀一はそれを少しも鼻にかけていなかった。それでも小学校に入ると、「お前んちは金持ちだからいいよな」とか「金持ちだから特別扱いされてズルい」といったやっかみ混じりの心ない言葉を浴びせられるようになった。

そこで秀一は、人一倍努力をしてなんでも実力でつかみとること、そして人前では決して優等生ぶらずその年齢にふさわしい振る舞いをすることを、幼い心に誓ったのである。

そのような少年時代を過ごしてきた秀一にとって、年の離れた弟の誕生はまた1つ、新たなプレッシャーの種となった。

それは、弟が生まれたらもっとしっかりしなければいけない、母が望むような〝自慢のお兄ちゃ

ん〃にならなければいけないという、兄としての責任感であった。

純二　18歳

「なぜ大学受験をしないんだ。なにも秀一のように一流大学へ行けなんて言ってないんだぞ。高望みしなければどこへだって入れるだろう」

しかめっ面の父・達郎とその隣で弱々しくうつむく母・貴子との家族会議は、今月だけでもう5回目だ。

亀山純二は時計を気にしながら、言い飽きた言葉をくり返す。

「だからぁ、行きたくないっつってんの。勉強したいことなんてないし、卒業したってどうせサラリーマンになるだけなんて、そんなの夢がないじゃん。俺はさ、型にはまった人生っていうの？　そういうのが性に合わないのよ。兄貴と違って頭悪いしさぁ、悪いけど期待しないでよ」

そう言い終えると、口を開きかけた父を無視してそそくさと席を立った。これから地元の友だちと昨年結成したバンド、『サウンズ・ライク・ヴァイオレット』のスタジオ練習があるのだ。背中から父と母どちらともつかないため息が聞こえてくる。

なぜ両親が大学進学にこだわるのか、純二には分からない。兄のような生き方を期待されても迷惑なだけだ。

12歳年上の兄・秀一は、純二が物心ついた頃から名門進学校に通いスポーツも万能、反抗期らしい反抗期もなく、現役で早稲田大学に合格し、ご丁寧に在学中に行政書士の資格まで取り、順当に超一流企業に就職した。社内結婚した奥さんも有名女子大出身のお嬢様らしい。

それに引き換え純二は、小さい頃から何をやってもパッとしなかった。特に勉強がからっきしダメで、集中力がまるで続かなかった。それでも両親が小学校低学年から塾通いをさせ、中学はそこそこの進学校に入学できたものの、だんだん授業についていけなくなった。純二自身にもついていこうという気持ちは全くなく、エスカレーターで高校に進学したあたりからいよいよ落ちこぼれた。大学進学を目指し勉強するクラスメイトと話が合わなくなり、地元のやんちゃ仲間とメジャーデビューをかかげてバンドを結成したのも、まさにこの頃である。

純二にしてみれば、兄のようなガリ勉の秀才君は感情のないロボットのようで気味が悪い。一度きりの人生、勉強なんていう地味でつまらないことを無理に頑張らなくたって、好きなことを思いきりやっているほうがよっぽどかっこいいと、純二は心から思っていた。

好きなことを思いきりできるのは親の援助あってこそと、気づきもしないで。

純二　30歳　―前編―

父が急死した。秀一42歳、純二30歳の７月のことであった。前日まで元気だったそうだが朝方急に倒れ、救急搬送されたものの帰らぬ人となったのである。

親はいつまでも当たり前に存在するものと信じて疑わなかった純二にとって、父の死は全然実感のわかない出来事であった。

葬式の手配などの煩雑なことは、憔悴しきった母に代わって兄が完璧にこなしていたから、純二はぼんやりと昔の家族写真などを眺めていた。

すべてが終わり、また日常が戻ったのも束の間、純二はある問題に直面した。金がないのである。これまで純二の銀行口座には、父から毎月50万円の仕送りがあった。無職である純二の生活費とマンションの家賃は、そこから支払われていた。さらに結成13年目を迎えた『サウンズ・ライク・ヴァイオレット』の活動費用もすべて、父にその都度都合してもらっていた。

その父が急死して振り込みが途絶え、たちまち諸々の支払いができなくなったというわけだ。

――待てよ、親父の遺産があるじゃないか

純二は興味もないのでよく把握していなかったのだが、父は豪邸と評判の実家のほかにも、確か賃貸マンションや貸駐車場などの不動産をいくつも持っていたはずである。この思いつきは、純二をしばし楽観的にさせた。

しかし、父の死から3か月経っても、母や兄からはなんの連絡もなかった。貯金もいよいよ底をつき、たまりかねた純二は母に電話をかけ、相続の手続はどうなっているのかと遠慮がちに尋ねた。母は電話でも分かるほどにオロオロし、すべて秀一に任せているから大丈夫などと要領を得ないことを言っていた。

何かが変だと感じた矢先、地元の飲み友だちの不動産屋が、父が所有していた駐車場が売りに出されていると教えてくれた。

状況がよく分からず兄に説明を求めに行くと、純二は衝撃の事実を知らされた。なんと父は生前、全財産を兄に相続させるという遺言を書いていたというのだ。駐車場の売却代金は相続税に充てるという。

「父さんはお前のために1000万円の保険金を用意してくれた。他には何もない。お前はこれまでさんざん親に迷惑をかけてきたんだ。今回ばかりは父さんの遺言に従え」

純二は慌てて母に泣きついた。小さい頃はそうすればいつだって、「お兄ちゃんなんだから我慢しなさい」と兄をいさめてくれたから。しかし、母は純二の期待とは裏腹に、「お父さんの気持ちを分かってあげて」と苦しそうに言うだけだった。

金の切れ目が縁の切れ目とはよく言ったものだ。親から見放されたことを友だちに愚痴ると、そこから純二が文無しになったという噂が広まり、純二をちやほやしてきた遊び友だちは手のひらを返したように離れていった。これまで純二の金で、正確に言えば純二の親の金で、好き放題飲み食いしてきたというのに。

孤独な年末を過ごしていたある日のこと、純二の噂を聞きつけた件の不動産屋から連絡があった。腕利きの弁護士を知っているから、相続のことで納得がいかないなら相談してみたらどうかというのだ。場所は霞が関にあるらしい。

正直なところ法律事務所なんて堅苦しい場所には行きたくなかったし、ましてや霞が関なんて聞いただけで蕁麻疹が出そうだが、孤立無援の純二にとって、不動産屋の親身なアドバイスは涙が出るほど嬉しかった。

なんとかアポイントも取り、こうして純二は、年明けに三宅山総合法律事務所の冴羽弁護士を訪ねてみることにしたのである。

＊

純二は、柄にもなく法律事務所なんかに来てしまったことを早くも後悔していた。ライブ用の勝負服でキメてきたつもりが、霞が関界隈ではすっかり浮いているし、対面した冴羽は兄の秀一と完全に同じ種類の人間であるように思えた。

そんな純二の後悔をよそに、冴羽は熱心に説明する。

「人は誰でも好きな遺言を書くことができます。[1] とはいえ、極端に偏った遺言が書かれてしまうと、亡くなった方に経済的に依存していた相続人がたちまち困窮してしまうといった事態も起こり得ます。

例えば、亡くなった方がすべての遺産を愛人に取得させるという遺言を作っていた場合、亡くなった方の奥さんはいきなり住む家もなくなり文字どおり路頭に迷ってしまうおそれがあります。そのため民法は、遺留分といって、相続人であれば最低限遺産からもらえるべき割合を定めているのです。[2]

遺留分は多くの場合、法定相続分の２分の１とされています。[3] 本件では、相続人はお母様とお兄様と純二さんの３人ということで、純二さんの法定相続分は４分の１ですから、純二さんが最低限もらえる割合、つまり遺留分は４分の１×２分の１＝８分の１です。

お父様の遺言には全財産をお兄様に相続させると書かれているようですので、純二さんの遺留分はすべて侵害されているわけです。したがって、遺産の８分の１に相当する額の請求ができることになります」

＊１　これを「遺言自由の原則」という。

＊２　解説編では167ページ（ポイント２）で説明している。

＊３　例外として、直系尊属（父母や祖父母）のみが相続人となる場合は法定相続分の３分の１とされ、それ以外の場合には法定相続分の２分の１となる。

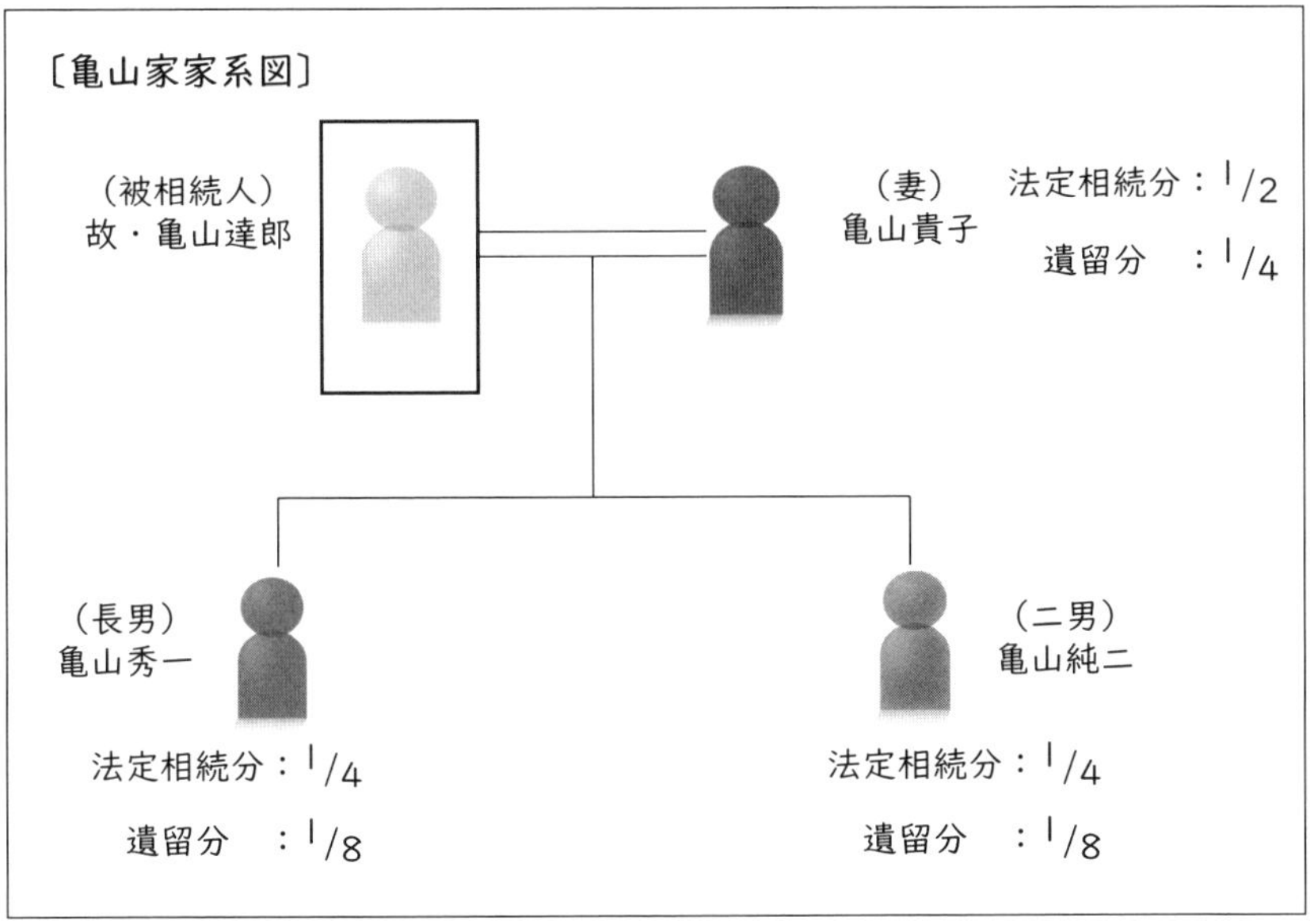

冴羽はご丁寧に図まで書いてくれたが、難しい話は大の苦手だ。思わず面倒くさいという気持ちがわいてくる。

「これって少し考えてもいいんですか？」

「1、2週間くらいは考えていただいて結構です。でも、もうお父様が亡くなってから半年近く経っていますよね。遺留分の主張は、原則として相続が発生してから1年間しかできないことにご注意下さい」

「1年経つとどうなるんですか？」

「1年経つと遺留分の主張はできなくなり、保険金以外何ももらえないことが確定してしまいます[4]」

そんなの絶対に困る。純二は、自分の性格からしてこの話を持ち帰れば結局何か月も放っておくことになるのが分かっていたから、その場で冴羽に依頼することにしたのである。

＊4　解説編では167ページ（ポイント3）で説明している。

冴羽は数日後、純二に実印捺印済みの委任状と印鑑登録証明書を提出させると、公証役場で達郎の公正証書遺言の謄本[5]を取得した。

公正証書遺言の場合、相続発生後であれば相続人は、実印と印鑑登録証明書、そして亡くなった方の戸籍謄本や相続人自身の戸籍謄本があれば、公正証書遺言の謄本を取得できるのだ。弁護士は職権で戸籍謄本を取得できるので、依頼者である相続人から実印捺印済みの委任状と印鑑登録証明書をもらっていれば、相続人の弁護士も公正証書遺言の謄本を取得することができる。

冴羽は、秀一が行政書士の資格を持っていることから、達郎の遺言は公正証書で作成されていると睨んでいた。そして、その予想は的中したのである。

純二は、父の公正証書遺言の謄本を目の前にし、逆上していた。

何が最後にしてやれる親らしいことだ。何が根は優しい良い子だ。ガキ扱いしやがって。今更そっちの都合で勝手なことを言い出すな。責任を感じているなら最後まで面倒見ろってんだ。それらしいことを書いてるけど、結局は出来の悪い俺に財産をやりたくなかっただけなんだろ。

純二は腹の中でありったけの悪態をついた。そして、秀一からしっかり財産を取り返すよう冴羽に念押しした。

「先生、手加減せずガンガンやっちゃって下さい」

＊５　公正証書遺言とは、公証役場で公証人が作成する遺言のことである。遺言の原本は公証役場が保管するが、相続人はその遺言の謄本（原本の記載内容全部の写し）を公証役場から取得することができる。解説編では165ページ（ポイント１）で説明している。

立川公証役場

平成30年第１２３号

遺言公正証書

本公証人は、遺言者亀山達郎の嘱託により、後記証人の立会のもとに、次のとおり遺言者の口述を筆記してこの証書を作成する。

遺言者亀山達郎は、次のとおり遺言する。

第１条（全遺産の相続）

遺言者は、遺言執行者をして、遺言者の有する一切の財産を遺言者の長男亀山秀一（昭和５４年３月２日生）に相続させる。

第２条（遺言執行者の指定）

１　遺言者は、本遺言の遺言執行者として、長男亀山秀一を指定する。

２　遺言者は、遺言執行者に対し、下記の権限を付与する。

記

⑴　預貯金、株式その他の相続財産の名義変更、解約及び払戻し、並びに換価

⑵　貸金庫の開扉、解約及び内容物の取り出し

⑶　復代理人及び補助者の選任

⑷　その他本遺言の執行に必要な一切の処分

（付言事項）

妻貴子へ

長年連れ添ってくれてありがとう。君のおかげで良い人生だった。先に逝ってすまない。これまで話し合ってきた通り、この遺言で私の全ての財産を秀一に相続させることにした。純二も大切な息子だ。きっと私たちの想いを分かってくれると、信じよう。

長男秀一へ

お前は、優秀かつ努力家で、私も母さんもこれまでどれだけ嬉しい気持ちにさせられたか分からない。お前を心から誇りに思う。この遺言で私の全ての財産を相続させる。亀山家の跡取りとして、今後も宜しく頼む。

二男純二へ

心残りがあるとすれば、年取ってからの子であるお前をつい甘やかしてしまったことだ。お前を自立した大人に育てることができなかった責任を感じている。荒療治だとは思うが、お前を受取人とする生命保険金１０００万円があ

るから、それだけを受け取って、あとは自分の力で生きていきなさい。最後にしてやれる親らしいことがあるとすればそれだけだ。お前は、根は優しい良い子だ。信じているよ。

本旨外要件

東京都立川市青柳×丁目×番×号
　会社経営者（地主業）
　遺言者　亀　山　達　郎
昭和２３年５月１９日生
　上記は、運転免許証の提示によりその人違いでないことを証明させた。
東京都立川市緑町×丁目×番×号××ビル３階　名取行政書士事務所内
名取行政書士事務所
　行政書士
　証　人　名　取　和　也
昭和３９年１１月２０日生
東京都立川市緑町×丁目×番×号××ビル３階　名取行政書士事務所内
名取行政書士事務所
　事務員
　証　人　北　原　恵　利
平成５年１月１２日生

　上記遺言者及び証人に読み聞かせたところ、各自この筆記の正確なことを承認して、次に署名押印する。
遺言者　亀　山　達　郎㊞
証　人　名　取　和　也㊞
証　人　北　原　恵　利㊞
　この証書は、平成30年５月２４日、本公証役場において、民法第969条第１号ないし第４号に定める方式に従って作成し、同条第５号に基づき、本公証人次に署名押印する。
　東京都立川市柴崎町×丁目×番×号
　○○ビル２階
　　東京法務局所属
　　　公証人　野　上　唯　宗　㊞

〔遺留分侵害額の計算方法〕

計算式(1)

遺留分侵害額

　＝遺留分算定の基礎となる財産額 × 遺留分割合

　　－（遺留分権者が相続で得た財産額 － 遺留分権者が相続で負った債務額）

　　－ 遺留分権者の特別受益額

計算式(2)

遺留分算定の基礎となる財産額

　＝被相続人の相続開始時財産額

　　＋ 相続人に対する生前贈与額

　　＋ 第三者に対する生前贈与額

冴羽はうなずき、遺留分を主張する場合のポイントについてホワイトボードを使って説明し始めた。

「遺留分侵害額請求によって請求できる金額は、２つの計算式によって求められます。基本的には、計算式(1)のとおり、『遺留分算定の基礎となる財産額』に『遺留分割合』をかけ、そこから遺留分侵害額請求をする方が取得した財産や特別受益を引きます。そして、『遺留分算定の基礎となる財産額』をどのように計算するかといえば、計算式(2)のとおり、亡くなった方の財産に相続人や第三者に対する生前贈与を加算するのです。

この２つの計算式を組み合わせて本件にあてはめると、お父様の遺産に、純二さん以外の方への生前贈与があればその金額を加算して、そこに純二さんの遺留分割合である８分の１をかけ、そこから純二さんがこれまでお父様から得ていた財産や特別受益を引いた金額が、純二さんの遺留分侵害額となります」

そんなややこしいことを言われても理解できる気がしなかったが、冴羽は説明を続ける。

「ちょっと分かりにくいと思われているかもしれませんが、計算式はともかく、ポイントだけは押さえておきましょう。[6]遺留分侵害額請求を有利に進めるためのポイントは主に2つです。1つ目は遺産をできるだけ高く評価すること。これは、先ほどの計算式⑵の『被相続人の相続開始時財産額』を大きく評価するということです」

そう言って冴羽は、ホワイトボードに書かれた文字を丸で囲んだ。

「2つ目は、亡くなった方から相手方が生前に受けた贈与がないかを探して、もしあれば必ず主張することです。これは同じく計算式⑵の『相続人に対する生前贈与額』の部分の話です」

冴羽は別の文字も丸で囲んだ。

「これらのポイントを押さえながら、交渉を進めていきたいと思います」

＊

冴羽が秀一に、遺留分侵害額請求を行う旨を記載した内容証明郵便[7]を送ると、しばらくして秀一が依頼したという海原弁護士から受任通知が返ってきた。話し合いで解決を求めるとの内容であるという。

ここで困ったことに、海原との面談に、純二も同行してくれないかと冴羽が言ってきた。事件の進み具合が理解できていないとよくないからだそうだ。[8]親切で言ってくれているのは分かるが、

＊6　解説編では168ページ（ポイント4）で説明している。

＊7　いつ、いかなる内容の文書が誰から誰あてに差し出されたかということを、郵便局が証明する書留郵便のこと。期間制限がある行為について、その期間内に行ったことを証明するために使用されることが多い。

＊8　事案の種類や弁護士の考え方などにもよるが、依頼者自身の理解を促すために面談や裁判所手続に依頼者を同行させることも珍しくない。

正直ちょっと面倒くさい。とはいえ、無職の純二に冴羽の誘いを断る口実などあるはずもなく、仕方なく付いていく羽目になったのである。

＊

純二は人生で初めて、弁護士会館という建物に足を踏み入れていた。名前も初めて聞いたし、弁護士専用なのかと思ったが、ちょっとしたレストランフロアもあり、そこへは誰でも入れるようだ。

９階の待合室で海原を待つ間、冴羽も海原も第二東京弁護士会に所属しているからここを利用することにしたと、冴羽が話していた。その説明はよく分からないが、待合室の眼下には日比谷公園が広がり、少し遠くに目をやると帝国ホテルやペニンシュラホテルが見え、悪くない眺めだった。

海原が現れると、海原と冴羽は名刺交換をすませ、純二を連れて面談室に移動した。２人の弁護士は早速何やら高度な話し合いをしていたが、海原が、話し合いで解決したいと思っていること、遺産の中には現預金が６０００万円しかないが、純二が受け取る１０００万円の生命保険金とは別の、秀一を受取人とする達郎の生命保険金４０００万円があるから、それらを合わせた１億円を純二に対して支払うことで手を打ってもらえないかと提案していることは分かった。

冴羽は、その金額での解決は難しいと、即座に回答していた。

「海原弁護士の本日の提案は金額的に受け入れられるものではありませんでしたが、彼とはある程度前向きに話し合いができそうなので、引き続き継続的に面談を行うことにしましょう[9]」

帰り際に冴羽がそんなことを言っていた。純二の霞が関通いはもうしばらく続きそうだ。この頃にはもう、官庁街に対するアレルギーはほとんど消えていた。

＊

2週間後、冴羽・純二と海原は、再び弁護士会館で面談を行った。

改めて海原から提示された金額は1億5000万円であった。

冴羽は、秀一が7年前に子育て資金の援助として達郎から1000万円の贈与を受けていたことを、秀一への送金が印字された達郎の預金取引履歴を示しながら指摘し[10]、これは特別受益であるため遺留分計算において織り込まれるべきだと主張した。

対する海原は、純二が17年前に550万円のBMWを、8年前に450万円のアウディを達郎に買ってもらっていたこと、さらに純二が高校を卒業して以降12年間にわたって毎月50万円の仕送り（月額50万円×12か月×12年＝7200万円）を達郎から受け取っていたことを証拠とともに指摘し、これらも遺留分計算において織り込まれるべきだと主張した。

三宅山総合法律事務所の会議室に戻り、冴羽と今日の振り返りをしていた純二は、ふとあることを

＊9　解説編では171ページ（ポイント５）で説明している。

＊10　物語編第２章70ページの脚注８も参照されたい。

思い出した。

「そういえば先生、兄貴が12年前に結婚したとき、親父が結婚祝いとかいって３０００万くらいあげてたんですよ。俺は当時18歳だったけど、結婚っていうのはそんなにおめでたいもんかねと呆れたからよく覚えてるんです。これも先生が言ってた遺留分計算ってやつに入れられないですかね」

「仰ることは理解できるのですが」冴羽は答える。

「令和元年から施行された改正相続法によって、遺留分を侵害した側の特別受益は、遺留分計算においては原則として相続開始の10年前から相続開始の間に発生したものに限ることとされました。３０００万円の結婚祝いが12年前のことだとすると、残念ながら特別受益として遺留分計算に入れることはできません」

「でも兄貴だって、17年も前のＢＭＷについて言ってきてるじゃないですか」

「それが、遺留分を侵害された側、つまり純二さんの特別受益は、そのような期間の制限なく対象とされることになっているんです」

法律の世界ってのは本当に複雑だ。冴羽は、海原との面談は次回で最後にしたいと言っている。それはありがたい。最近柄にもないことをしているせいで、気づけば小難しいことを考えていたり、しまいには調べ物までするようになってしまって、すっかり調子が狂って仕方ないのだ。

「今回が最後の面談かと思い、お渡ししたいものを持って参りました」

弁護士会館での3度目の面談冒頭、冴羽はそう言うと、A4サイズのぶ厚い封筒を海原に渡した。

海原は怪訝そうな顔つきで書類を取り出す。

「これは、本件で訴訟を行う場合の、訴状・証拠説明書・証拠一式の草案です。当方の計算では、秀一さんが相続された不動産を路線価[11]で評価したとしても、遺留分侵害額は2億5000万円に上ります。もちろんこれは、前回議論した特別受益についても考慮に入れたうえでの金額です。ご存知のとおり路線価評価は時価評価の8割程度になりますから、不動産を時価[12]で評価すれば、証拠として添付予定の査定書のとおり、遺留分侵害額は3億円以上になる見込みです。

当方としては、いくら話し合いでの解決とはいえ、路線価で計算した場合の遺留分侵害額である2億5000万円を下回るようでは、もはや訴訟に踏み切らざるを得ません。お渡しした書類のとおり、こちらはいつでも訴訟に踏み切れる状態になっています。

本日から2か月以内に、遺留分として2億5000万円を支払うか、訴訟で争うかのどちらかを選択して下さい。訴訟になった場合には、不動産については時価評価となりますので、少なく見積もっても3億円と遅延利息をお支払いいただくこととなります」

＊11　国税庁が発表している相続税評価額。道路ごとに、そこに面している土地1㎡当たりの相続税評価額がいくらであるかが定められており、国税庁のホームページで誰でも見ることができる。市場価格の8割程度といわれているが、定まった数値で便利なため、遺産分割や遺留分侵害額請求といった相続紛争では不動産を簡便に評価する方法として使用されることも少なくない。

〔純二の遺留分侵害額請求の計算根拠〕

	金額	備考
a．被相続人の相続開始時財産額	2,646,000,000円	内訳は次の通り： ・自宅900,000,000円 ・賃貸ビル①400,000,000円 ・賃貸ビル②306,000,000円 ・賃貸マンション①300,000,000円 ・賃貸マンション②200,000,000円 ・賃貸マンション③200,000,000円 ・貸駐車場①200,000,000円 ・貸駐車場②80,000,000円 ・現預金60,000,000円 ＊不動産は全て路線価評価
b．秀一が受けた生前贈与額[13]	10,000,000円	秀一に対する子育て資金援助
c．遺留分算定の基礎となる財産額（a＋b）	2,656,000,000円	
d．遺留分（c×1/8）	332,000,000円	遺留分割合は８分の１
e．純二が相続で得た財産	0円	純二を受取人とする1000万円の生命保険金は考慮外[14]
f．純二が相続で負った債務	0円	
g．純二が受けた生前贈与額	82,000,000円	BMW550万円＋アウディ450万円＋仕送り合計7200万円
h．遺留分侵害額（d－(e－f)－g）	250,000,000円	

＊12　市場価格のこと。不動産業者の不動産査定によってごく大まかな金額が分かり、不動産鑑定士の不動産鑑定によってある程度正確な金額が確認できる。

＊13　［★］物語編第１章32ページの脚注14と同様、遺留分侵害額の計算において、特別受益が金銭の場合は貨幣価値の変動を考慮するものとされている。もっとも、読者にとって分かりにくい可能性があるためここではその処理をあえて行っていない。

＊14　解説編152ページ（第６章ポイント２）の説明と同様、生命保険金は受取人固有の財産とされており、相続で取得した財産として考慮されない。

——本当にこれで良かったのか？

帰り道、疲れた様子で面談室を立ち去った海原の渋い顔を思い浮かべながら、純二の心はなぜか乱れていた。もしこれで兄が交渉に応じたら、自分には大金が入ってくる。そうすれば、またこれまでどおり遊び友だちに囲まれ、自由気ままに好きなことだけして生きていける。

でも、それが本当にかっこいい生き方なのか。純二はこの頃、よく分からなくなってきているのだ。

秀一　43歳

43回目の誕生日を迎える3月2日、秀一は海原から呼び出され、とある提案をされていた。

「弟さん側はもういつでも訴訟提起できる準備を整えています。本件では、訴訟になった場合、秀一さんは３億円超の金銭と金利３％の遅延利息を支払うことになってしまうでしょう。それを考えると、今２億５０００万円で手を打ったほうが合理的かもしれません。ちょうど先月駐車場が２つ売れたので、その売却代金を充てられるのではないでしょうか」

２億５０００万円もの大金を手にしたら、純二はこれからますます遊び惚けて生きていくだろう。それは父の遺志に反することにもなるが、合理的に考えてその提案に乗るより他に道はなかった。

合　意　書

被相続人故亀山達郎（令和３年７月１６日死亡。以下、「被相続人」という）の相続に関し、被相続人の長男亀山秀一（以下、「甲」という）と被相続人の二男亀山純二（以下、「乙」という）は、本日、以下のとおり合意する。

1　甲は、乙に対し、被相続人の相続（以下、「本件相続」という）に関する遺留分として、金２億５０００万円の支払義務があることを認める。
2　甲は、乙に対し、第１項記載の金員を、令和４年３月３０日限り、乙指定の金融機関口座に振り込む方法により支払う。振込手数料は甲が負担する。
3　甲と乙は、以上をもって本件相続に関する一切を解決し、本合意書に定めるもののほか、本件相続に関する債権債務が一切ないことを相互に確認する。

以上

本合意の成立を証するため、本合意書正本２通を作成し、各自署名捺印の上、それぞれ正本１通ずつ保有する。

令和４年３月２日

甲　東京都立川市青柳×丁目×番×号

亀　山　秀　一

乙　東京都武蔵野市吉祥寺南町×丁目××番×号吉祥寺○○ヒルズ
２０５号室

亀　山　純　二

純二が生まれたときのことを、秀一は今でも鮮明に覚えている。それは、秀一が〝守られる者〟から〝守る者〟へと変わった瞬間でもあった。

父や母に甘やかされながら成長し放蕩の限りを尽くしている純二を、すでに社会人として自立していた秀一は苦々しく思っていたが、同時にどこか別の思いもあった。金持ちのボンボンと言われるのが嫌でがむしゃらに努力してきた秀一にとって、無邪気に親のお金で好きなことをしていられる純二がうらやましかったのだ。そして、そんな純二を見ていると秀一はいつも、自分は人生を楽しめていないのではないか、つまらない人生を送っているのではないかという心の迷いのようなものを感じずにはいられないのだ。

＊

「パパ、お誕生日おめでとう！」

自宅の玄関に入るや否や、７歳になる息子・健太と妻・由紀が歓声とともに秀一を出迎えてくれた。今夜は秀一の誕生日パーティーだ。気持ちを切り替えようと自分に言い聞かせる。

料理上手な由紀の心尽くしのご馳走を平らげると、健太がいそいそと後ろ手に何かを持ってきた。

「これ、パパにプレゼント」

画用紙いっぱいに描かれた、秀一の絵だった。スーツ姿だが、マントのようなものをつけポーズを決めている。

「健太にとって、家族のために毎日頑張ってくれるあなたはヒーローなんですって。もちろん、私にとっても」

由紀がいたずらっぽく笑う。

――そうか

秀一は大切なことを忘れていた。

好きなことを思いきりやっていることだけが輝かしい人生ではない。たとえ他人から見ればつまらない人生だって構わない。自分の愛するもの、守りたいもののために全力を尽くすこと、それもまた十分に素晴らしい生き方ではないか。

秀一は、自分によく似た小さなヒーローと、その隣で優しく微笑むヒロインを、強く強く抱きしめた。

純二　30歳　―後編―

３月18日、純二は三宅山総合法律事務所にて、冴羽からの報告を聞いていた。

「お兄様側から私の預り金口座に[15]2億５０００万円が振り込まれてきました。純二さんにお返ししたいので、返金先口座を教えて下さい」

「その前に先生、俺、決めたことがあって。証人として聞いてくれますか？　そしたらもうやるしかなくなると思うし」

「なんでしょう」冴羽は穏やかに先を促す。

「俺、勉強嫌いで高校しか出てないから、大学に行こうと思ってるんですよ。実はこの間から予備校にも通い始めてて。昔は大学行って勉強なんてダサいと思ってたけど、親のすねかじってるくせにそんな風につっぱってた俺が一番ダサかった。30過ぎて大学なんて浮くかもしれないけど、そこはラブアンドピースでなんとかしますよ。海外じゃいい年のおっさんが大学行くのも結構あるっていうじゃないですか。

　もらった2億５０００万は学費以外には使わないようにして、真面目に勉強して、できれば先生みたいになんかかっこいい資格取りたいんです。エリートなんてクソだと思ってたけど、今回冴羽先生や海原先生を見てたら、知識とか経験とかを武器にお互いをリスペクトし合いながら戦ってて、純粋にかっこいいと思ったから。これまで親の金でふらふらさせてもらってた分、心を入れ替えて真面目にやってくつもりなんです」

「バンド活動のほうはどうされるんですか？」

「よく覚えてますね。バンドはもう解散しました。スタジオとかライブ会場借りたり、ＣＤ出したり

＊15　依頼者に代わって弁護士が一時的に金銭を預かるための専用の預貯金口座のこと。別々に管理すべきであるため、弁護士の報酬口座とは別に開設される。

する金も全部親父が出してくれてて、だからこそ仲間もそれに乗っかってたっていうのが大きいから、まぁ金の切れ目が縁の切れ目ってやつですよ。そもそも全然売れてなかったんですけどね」

「それは残念です。『サウンズ・ライク・ヴァイオレット』、なかなか印象深いバンド名でしたが」

「先生嬉しいこと言ってくれますね」純二は思わず相好を崩す。

「実はバンド名は俺がつけたんです。なんでそんな名前にしたかっていうと、俺、スミレの花好きなんですよ。道端にひっそり咲いてるけど、タンポポとかと違ってガキくさくなくて、ちょっと大人な感じで。でも、やっぱりつい最近までバンドとかしてた俺がそう簡単に変われないかな。先生、俺、できるかなぁ…」

「今の純二さんならきっと、良い花を咲かせますよ」

冴羽が純二の目を真っ直ぐに見て、力強くうなずく。

「だいぶ遅咲きですけどね」

そう言って純二は、恥ずかしそうに笑った。春はもう、すぐそこまで来ていた。

第2編　解説編

※「★」のマークがついた箇所は内容が発展的であるため、読み飛ばしていただいても問題ない。

物語編を読み終えた貴方は、相続紛争に至るまでの経緯から
その着地点までを、複数パターン疑似体験したといえる。
ここからは、解説編を通じて頭を整理していこう。

第4章　相続紛争の全体像

その相続に遺言はあるか

世の中には多数の相続紛争が存在するが、一口に相続紛争といっても、それがどの類型に当てはまるかによって戦い方も大きく異なる。そこで、まずは典型的な相続紛争を分類することから始めよう。

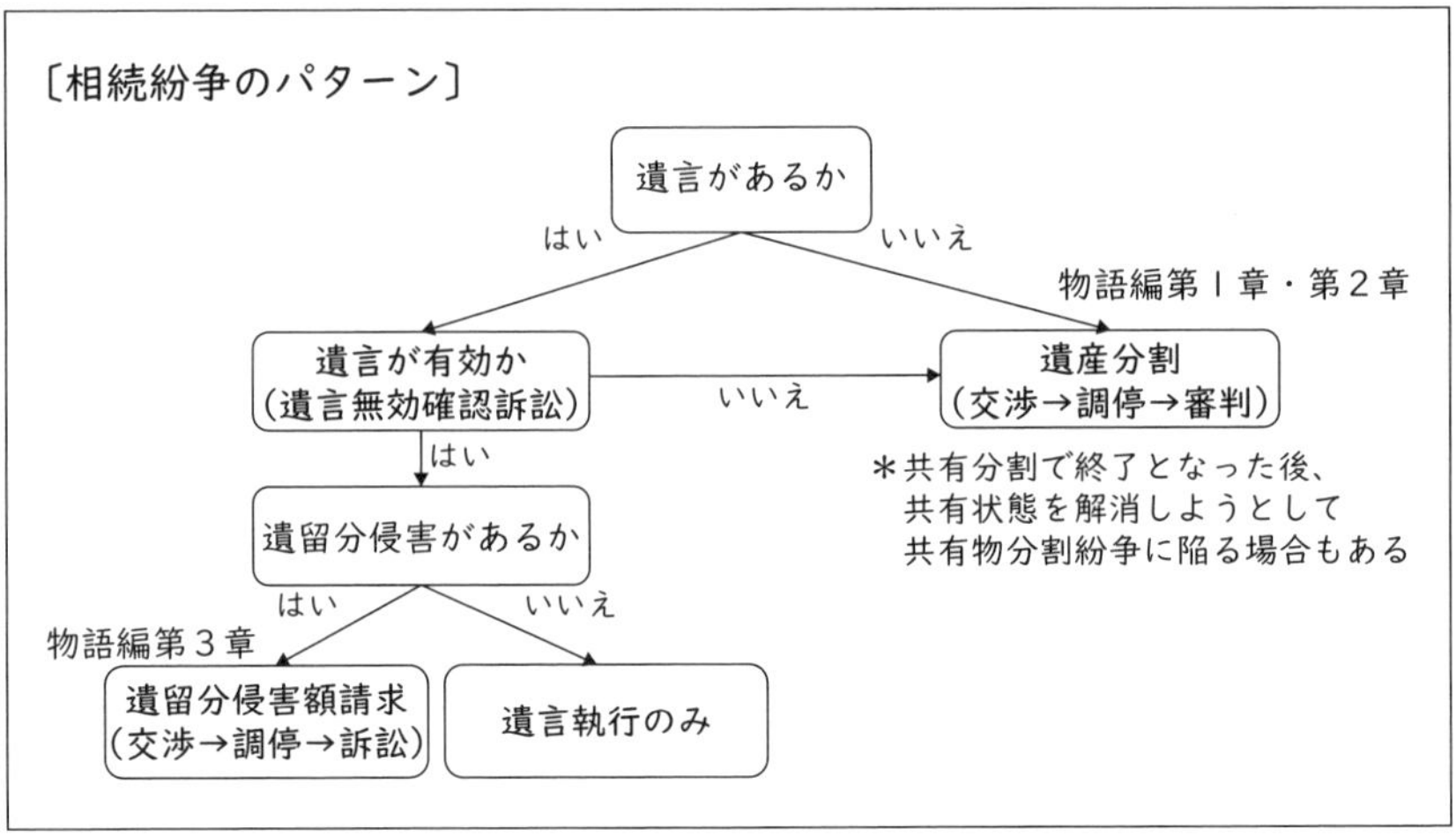

上の図のように、相続紛争は、まず遺言があるかどうかによって大きく異なる。

遺言がない場合、そもそも遺産をどう分けるかが決まっていないため、これについて遺産分割が必要になる。体感としては、相続紛争の大部分はこれが占めている。そのため、本書でも3つのエピソードのうち最初の2つをこれに充てている。

なお、遺産分割の結果、複数の相続人が同じ遺産を共有することも起こり得る。[1]ところが、共有は紛争の温床であり、のちのち共有者間で争いが生じることも少なくない。その場合には、共有物分割紛争に発展することとなる。

これに対し遺言が存在する場合には、その遺言が本当に有効なものであるかどうか[2]で紛争になることがある。[3]

このような遺言の有効性をめぐる紛争の結果、遺言が無効であると判断された場合には、結局のところ有効な遺言は存在しないことになるから、遺言がない場合と同様に遺

＊１　これを「共有分割」という。

＊２　例えば、偽造であるとか、認知症などにより本人が理解できないまま作成されたものであるといった場合には無効となる。

＊３　遺言の有効性を争う訴訟を「遺言無効確認訴訟」という。

産分割をめぐる紛争に進むこととなる。

一方、遺言が存在し、かつその有効性につき特に争いがない場合や訴訟の結果有効であると判断された場合には、遺産の分け方は遺言に従うこととなるため、遺産分割をめぐる紛争にはならない。

その遺言は遺留分を侵害していないか

とはいえ、遺言自体は有効であっても、その内容が、法律で定められた遺留分（相続人であれば最低限遺産からもらえるべき割合）を無視したものであるケースもある。そうすると、遺留分を侵害されている（例えば、遺言に従うと何ももらえない）相続人は、遺留分を侵害している（例えば、遺言に従うと全ての遺産をもらえる）相続人に対して、侵害された分の金額を補填するよう請求することができる。[4]物語編第３章はまさにこれをめぐるものである。

このように、一口に相続紛争といってもいくつかの類型があり、また、複数の類型が組み合わさっていることもある。相続紛争は解決までに時間がかかるといわれることが多いが、これは、遺産分割紛争など１つの紛争だけを取り上げても、交渉から始まり調停を経て審判に進むなどの各過程に時間を要するのはもちろん、遺産分割紛争や遺留分侵害額請求に先立って、遺言の有効性をめぐる紛争を経ていることもあるからなのである。

＊４　これを「遺留分侵害額請求」という。

相続紛争の全体像がつかめたところで、ここからは物語編の各エピソードに散りばめられた押さえておくべき点について解説していこう。

相続紛争解決のための基本的なポイントなので、ぜひ押さえておいていただきたい。

第５章　「第１章　闘う勇気がある限り」を読み解く

ポイント１　相続分は法律で決まっている（P10：冴羽の説明）

亡くなった方に遺言がない場合、遺産の帰属は民法に従うこととなる。
まず、相続人は次のように決まっている（民法890条、887条、889条）。
ルール１　配偶者がいれば配偶者は必ず相続人になる。
ルール２　配偶者以外に、次の血族が、①②③の順位に従って相続人となる。[1]

＊１　相続人になるはずの子や兄弟姉妹の中にすでに死亡している方がいる場合、死亡した方の子などが相続人になる場合がある。これを「代襲相続」という。

〔法定相続分の整理〕

パターン1：配偶者あり・子1人	配偶者	子		
	1/2	1/2		
パターン2：配偶者あり・子2人	配偶者	子①	子②	
	1/2	1/4	1/4	
パターン3：配偶者あり・子3人	配偶者	子①	子②	子③
	1/2	1/6	1/6	1/6
パターン4：配偶者なし・子2人		子①（直子）	子②（明美）	
＊物語編第1章のケース		1/2	1/2	
パターン5：配偶者なし・子3人		子①（光代）	子②（義男）	子③（友信）
＊物語編第2章のケース		1/3	1/3	1/3
パターン6：配偶者あり・子なし・父母存命	配偶者	父	母	
＊父母のうち存命が1名の場合は存命の者が1/3となる。	2/3	1/6	1/6	
パターン7：配偶者あり・子なし・父母他界・兄弟姉妹あり	配偶者	兄弟姉妹		
＊兄弟姉妹が複数人いる場合、兄弟姉妹間は頭割となる。	3/4	1/4		

①　子
②　父母[2]
③　兄弟姉妹

次に、各相続人の相続分は民法900条により上の表のように決まっている。このように定められた各相続人の相続分のことを、「法定相続分」という。

譲治の場合、妻はすでに亡くなっているから、相続人は子である直子と明美の2人となる。そして、法定相続分については、直子と明美がそれぞれ2分の1ずつとなる。

遺産分割紛争の場面では、明美のように法定相続分を大きく超えた遺産の取得を主張する者も出てくるが、それ

＊2　父母は死亡しているが祖父母が存命の場合には、祖父母が相続人となる。

〔遺産分割の流れ〕

遺産分割協議
・当事者同士だけの個人的な話し合い

↓

遺産分割調停
・家庭裁判所での調停委員を介した話し合い
・「段階的進行モデル」に基づいて進められる
・原則は交互調停
・合意により調停成立

↓

遺産分割審判
・家庭裁判所（裁判官）の職権的判断により審判が下される
・担当裁判官は原則として遺産分割調停と同じ裁判官
・遺産分割調停の内容は原則として審判に引き継がれる

を真に受ける必要はなく、単に拒絶すれば足りる。

ポイント２　遺産分割の進め方には順序がある（Ｐ11：冴羽の説明）

先述のとおり、相続紛争の大部分は遺産分割紛争が占めているのだが、遺産分割紛争は手続ごとに順番が決まっている。まずは当事者同士で協議を行い、協議が難しければ次に調停を行い、それでも難しければ審判がなされるのだ。

遺産分割協議とは、当事者だけでの話し合いである。

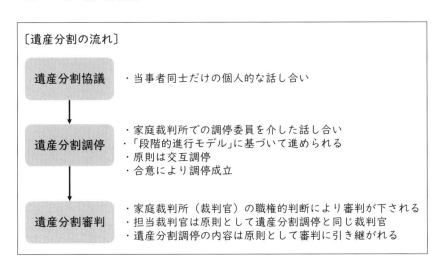

これに対し調停は、家庭裁判所が主宰する当事者間の話し合いである。当事者だけでの話し合いとは異なり、裁判所が間に入って司会進行・調整を行うことや、調停が成立せず審判まで進むと裁判所に結論を決められてしまうことから、体感としては相当数の事案が調停で終了する。

審判とは、裁判所が法令、裁判例や裁判所の実務運用などに基づき職権で遺産分割を行うことを指す。なお、審判を担当する裁判官は調停と同じ裁判官であることが多いため、調停段階で無茶苦茶な主張を行えば裁判官の心証を損ね、結果として審判で不利益を被る可能性があることに留意する必要がある。

ポイント３　遺産分割調停申し立てには、家庭裁判所に必要書類を提出する（Ｐ18：冴羽による調停申し立て）

遺産分割調停を申し立てるためには、申立書や事情説明書、その他指定された必要書類を家庭裁判所に提出しなければならない。提出先の家庭裁判所は、原則として相手方の住所地の家庭裁判所である[3]。弁護士に依頼する場合は、申し立てを含め、基本的にすべての書面の作成・提出および裁判所や相手方とのやり取りを本人に代わって弁護士が行う。

遺産分割調停を申し立てるのではなく申し立てられた場合には、物語編第2章57ページのような期日通知書が、家庭裁判所から自宅に送られてくる。

ポイント４　遺産分割調停には独特のルールがある（Ｐ12：冴羽の説明）

遺産分割調停は家庭裁判所が主宰する当事者間の話し合いではあるものの、ただの話し合いではなく、手続を効率よく進めるために「段階的進行モデル」という独特のルールに基づき運用されている。

＊３　当事者が合意で定めた別の家庭裁判所でも構わない。

〔家庭裁判所における遺産分割調停の流れ（段階的進行モデル）〕

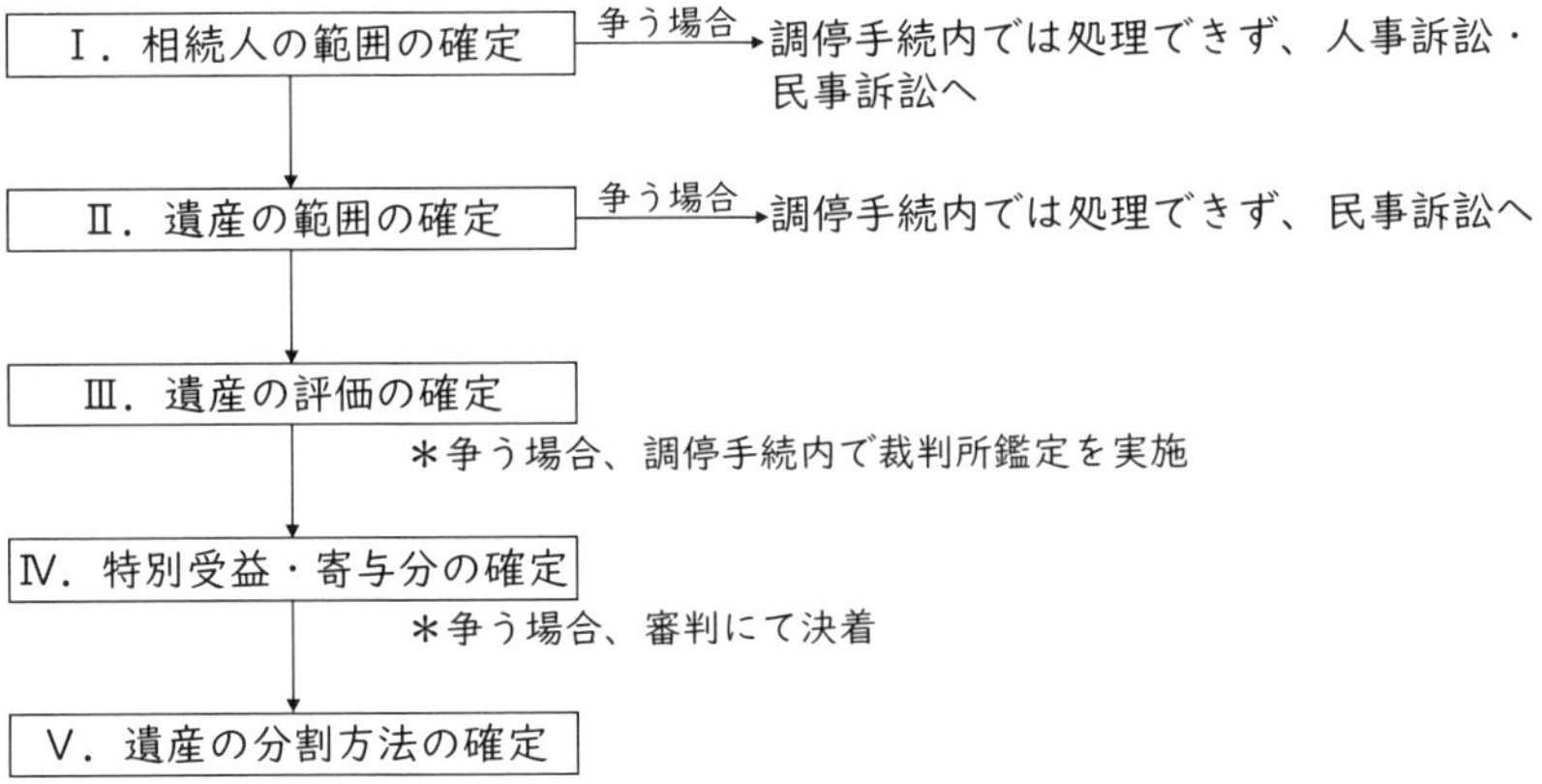
Ⅰ．相続人の範囲の確定
争う場合
調停手続内では処理できず、人事訴訟・民事訴訟へ
Ⅱ．遺産の範囲の確定
争う場合
調停手続内では処理できず、民事訴訟へ
Ⅲ．遺産の評価の確定
＊争う場合、調停手続内で裁判所鑑定を実施
Ⅳ．特別受益・寄与分の確定
＊争う場合、審判にて決着
Ⅴ．遺産の分割方法の確定

段階的進行モデルのポイントは大きく分けて2つあり、1つは段階ごとに手続を進めること、もう1つは次の段階に進んだら原則として前の段階に戻らないことである。

段階は5つに分かれており、Ⅰ．相続人の範囲の確定、Ⅱ．遺産の範囲の確定、Ⅲ．遺産の評価の確定、Ⅳ．特別受益[4]・寄与分[5]の確定、Ⅴ．遺産の分割方法の確定である。

対立が極めて深刻で合意形成が難しい場合には、必然的に審判にまで進み裁判所が職権的に判断を下すことになるが、審判を下すためには、実務的には少なくともⅢ．遺産の評価の確定までは終えている必要があることが多い。そのため、仮に審判まで進むことを前提にするとしても、Ⅰ．相続人の範囲の確定、Ⅱ．遺産の範囲の確定、およびⅢ．遺産の評価の確定まではすませておく必要があるだろう。

＊4　相続人が被相続人（亡くなった方）から受けた贈与等の利益のこと。相続人の中に被相続人から贈与等の利益を受けた人がいる場合、遺産分割において当該相続人の相続分を減らして計算を行う（持戻し）。

＊5　相続人が行った、被相続人の財産の維持・増加のための特別の貢献のこと。相続人の中に被相続人の財産の維持・増加のための特別の貢献を行った人がいる場合、遺産分割において当該相続人の相続分を増やして計算を行う。

ポイント5　遺産分割調停では当事者ごとに面談を行う（P21：第1回調停期日）

遺産分割調停は、原則として対立する当事者が顔を合わせず、調停委員が交互に各当事者と面談を行って各々の言い分を聞きながら進められる[6]。

これにより、感情的になり過ぎずに率直に話し合いができる一方、各当事者が調停委員と話せる時間はかなり制限されることになる。遺産分割調停期日は月に1回程度設定され、1回あたりおおむね2時間程度の時間が割り当てられており、その2時間の中で調停委員が複数の当事者からヒアリングを行ったり、調停委員と裁判官とで評議を行ったりするため、期日の場面で調停委員と話せる時間は自ずと限られてしまうのである。

当事者の中には、言葉を尽くして思いのたけを伝えれば調停委員が理解してくれるという考えで調停に臨む人もいるが、残念ながらそれは戦略的に完全に失敗と言わざるを得ない。ただでさえ持ち時間がかなり制限されている以上、その持ち時間は遺産分割を有利に進めるために緻密に準備された言動に割くべきであり、周到な法的分析を経ていない感情論は持ち時間の無駄遣いになってしまうからである。

＊6　これを「交互調停」という。

ポイント６　現金・宝石・絵画を持ち出されると泣き寝入りになる可能性大（Ｐ22：第１回調停期日）

相続が発生した場合、遺産分割が行われるまでの間は遺産は相続人全員の共有財産とされるから[7]、遺産の対象となる財産に関してなんらかの処分をするには、法律上、原則として相続人全員の合意が必要となる[8]。実質的にも、例えば不動産の売買や預貯金の引き出しは相続人全員の協力がなければ難しい。というのも、不動産の売買であれば通常、当該不動産につき所有者に相続が発生してその相続人等が新たな所有者になったことを示す登記[9]がなければ、所有者（故人）とは別の人間が売主になっている不動産の売買は実行困難であろう。預貯金の引き出しであれば、相続が発生したことを金融機関に知られると故人の預貯金口座はすぐに凍結され、原則として相続人全員の協力がなければその凍結を解除することができない。このようなことから、不動産や預貯金については、相続発生後にそれが忽然と消えてしまったというケースにはあまり遭遇しない。

これに対し、現金・宝石・絵画等に関してはそのような制約がないため、実質的に相続人の１人が勝手に持ち出してしまうことが可能であるし、ひとたび持ち出されてしまうと後からそれを争うことは至難の業である。なぜなら、そもそも遺産分割調停ではそのような持ち出し行為については審理しない運用となっているからである[10]。地方裁判所で持ち出

＊7　民法898条１項で、「相続人が数人あるときは、相続財産は、その共有に属する」と定められている。

＊8　［★］例外として、それらについて遺言がある場合や、預貯金の遺産分割前の仮払制度を利用する場合が挙げられる。預貯金の遺産分割前の仮払制度とは、遺産分割前に当事者の同意や裁判所の判断を経ずに預貯金の一部の払戻しを行う制度のことである。

＊9　これを「相続登記」という。所有者につき相続が発生している不動産の売買では、売買決済の前に売主が相続登記を行うことが多い。

＊10　持ち出し行為自体は不法行為や不当利得といった民事事件であって、家事事件である遺産分割とは異なる性質のものであるから、家庭裁判所ではなく地方裁判所にて審理されるべきという取り扱いがされている。

し行為について争うとしても、持ち出し行為があったと主張する側がそのような行為があったことを証明しなければならず、これが極めて高いハードルとなる。

したがって、遺産中に現金・宝石・絵画等がある場合には、それが他の相続人によって持ち出されないように保全する措置が必要となる。

ポイント７ 取りたい不動産の評価はなるべく低くすべし（P27：冴羽の説明）

遺産分割紛争においては、相続財産を評価する必要がある。

この点、現預金や上場株式に関してはその客観的な価値が明らかであるため、ほとんど争いは生じない。

一方、不動産や非上場株式の価値は一義的には決まらないため、それをどう評価するかによって遺産分割における有利不利が変わってくる。

基本的には、自分が取得したい財産についてはできるだけ低く評価し、自分が取得しない財産についてはできるだけ高く評価するのがよい。自分の取り分は法定相続分で決まっているから、自分が取得したい財産の評価が低いほど、その分他にも遺産を取得できたり支払う代償金が少なくてすむし、逆に自分が取得しない、すなわち他の相続人が取得する財産の評価が高いほど、相対的に自分がその分他の遺産を取得できたり受け取る代償金が多くなるのだ。

そのため、それに沿う査定書または不動産鑑定評価書を入手できないか検討することとなる。直子は自宅をできるだけ高く評価した査定書を入手していたのに対し、物語編第２章の光代は、低めの査定に加え自宅土地の使用借権減価を主張して、できるだけ低い金額を主張していた。これは、直子は自宅を取得するつもりがなかったのに対し、光代はなんとしてでも自宅土地を取得したいと考えていたためである。

ポイント８　どうしても意見が合わない場合は裁判所鑑定へ（Ｐ34：第４回調停期日）

相続人の間で不動産の評価についてどうしても意見が合わない場合、裁判所による不動産鑑定を実施することが多い。

裁判所による不動産鑑定では、当該事件に利害関係を持たない不動産鑑定士を裁判所が指名する。よく質問を受ける点であるが、裁判所による不動産鑑定を実施する場合、鑑定費用は鑑定人が決まってからでないと判明しない[11]。

ただし、裁判所が実施する不動産鑑定は当事者が主張する評価に拘束されないため、予想以上に低い評価にも高い評価にもなり得る。そのため、場合によっては裁判所による不動産鑑定を回避したほうがよい場合もあることに留意されたい[12]。

＊11　非常に不便であり、制度としての改善が望まれる。

＊12　物語編第２章77ページにおける冴羽の説明も参照されたい。

ポイント９　他の相続人だけが得をしている場合、それを有利に使う方法がある（P39：第６回調停期日）

相続人の中に亡くなった方から贈与等を受けたことがある人がいる場合、遺産分割においてそれを考慮しないと不公平になってしまう。そのため民法９０３条１項は、その贈与等は相続分の前渡し（特別受益）であるとみなして遺産分割を行うことを定めており、これを「特別受益の持戻し」という。

具体的には、譲治の遺産合計は１億２５００万円であり、明美には１０００万円の特別受益があることを踏まえ、直子と明美の相続分はそれぞれ、

直子：（１億２５００万円＋１０００万円）÷２＝６７５０万円

明美：（１億２５００万円＋１０００万円）÷２－１０００万円＝５７５０万円

と計算されていた。

特別受益があると追及された場合、贈与等を受けた相続人側の反論の仕方としては次の２つが考えられる。

１つは贈与等があったこと自体を否定する方法、もう１つは亡くなった方がその贈与等を遺産分割の際に相続財産に加算しなくてよいと考えていたこと（持戻しを免除する意思を有していたこと）を主張する方法である。贈与等があったことを示す証拠がほとんどない場合には前者が主戦場となるが、

〔特別受益をめぐる攻撃防御の構造〕

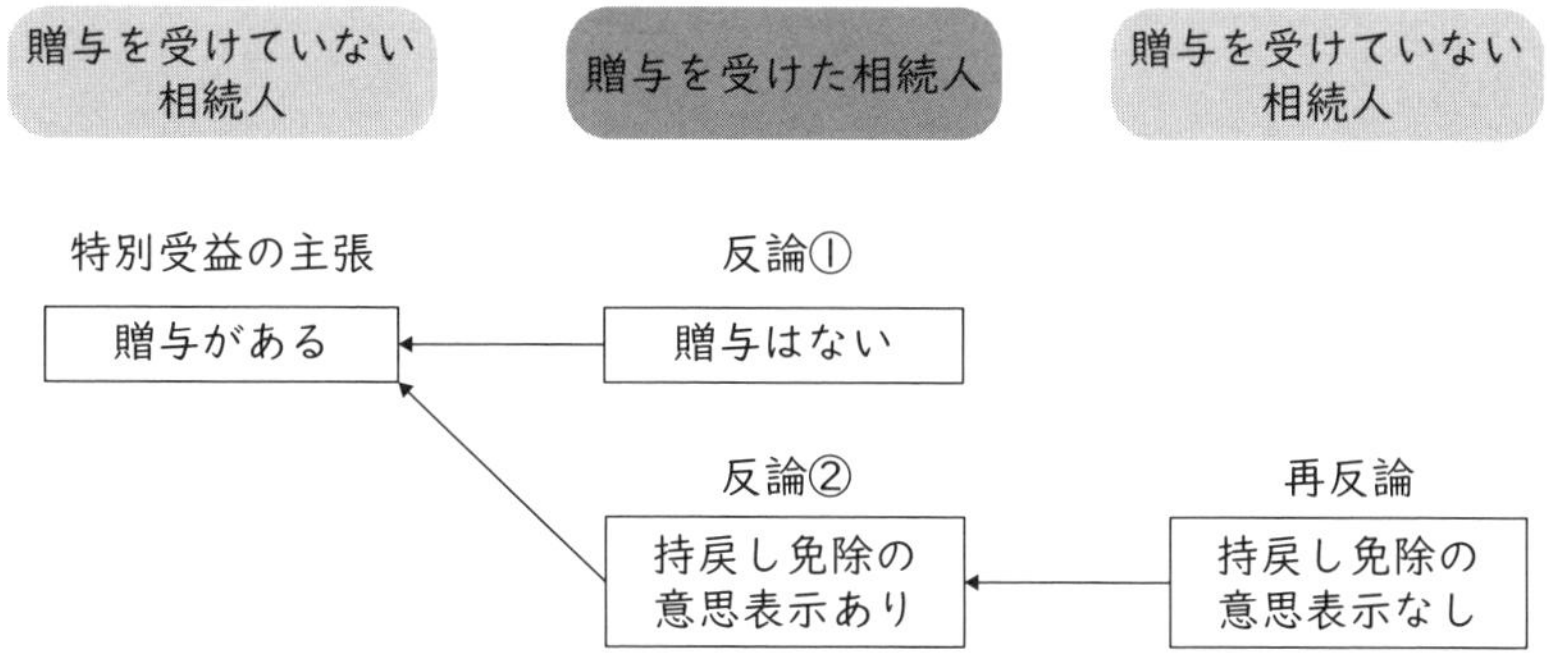

送金履歴などの証拠が揃ってしまっている場合には後者を主張していくことになる。

なお、持戻し免除の意思表示は書面に限らず黙示になされたものでもよい。しかし、黙示の持戻し免除の意思表示があったと主張するのであれば、相続人間の公平の原則を覆しても構わないと解釈できるほどに明確な意思表示が存在したことを証明しなくてはならない。単に亡くなった方とその相続人の仲が良かったというだけでは、そのような意思表示の根拠としては弱い。

ポイント10　介護をしていたからといって、寄与分が認定されるとは限らない（Ｐ41：第６～８回調停期日）

相続人の中に亡くなった方の財産の維持または増加に特別の寄与をした人がいる場合、民法９０４条の２第１項は、遺産からその貢献分（寄与分）を控除したものを相続財産とみなして遺産分割を行うこととしている。

例えば、実際の展開とは異なるが、仮に明美の特別受益がなかったものとし、直子には１０００万円の寄与分があったと仮定すると、譲治の遺産合計は１億２５００万円なので、直子と明美の相続分はそれぞれ、

直子：（１億２５００万円－１０００万円）÷２＋１０００万円＝６７５０万円
明美：（１億２５００万円－１０００万円）÷２＝５７５０万円

と計算されることとなる。

寄与分に関しては、次のような代表的な類型がある。

⑴　療養看護型　：亡くなった方の療養看護や介護を行った場合
⑵　家業従事型　：亡くなった方の家業に従事した場合
⑶　扶養型　：亡くなった方を継続的に扶養した場合

(4)　財産管理型　：亡くなった方の財産を管理した場合
(5)　金銭等出資型：亡くなった方に金銭等の援助をした場合

(5)については、比較的寄与分の主張が認められやすいと考えられる。まとまった金銭等が亡くなった方に対して支払われているのであれば、継続性の有無を問わず、その分亡くなった方の財産が増えたと評価しやすいからである。

一方、(1)～(4)に関してはいくつかの要件を満たす必要があり、実務上、寄与分として認定されるにはかなりのハードルがある。例えば、(1)の療養看護型であれば、①療養看護の必要性があること[13]、②特別の貢献があること、③無報酬またはこれに近い状態でなされていること、④療養看護が相当期間に及んでいること、および⑤療養看護が片手間的なものではなく、かなりの負担を要するものであること（専従性の要件）といった要件をすべてクリアする必要があるとされている[14]。

直子は譲治の介護を行っていたものの、ほぼ毎日デイサービスやショートステイを利用していたため、①の療養看護の必要性が低いと判断されるような事案であった。また、直子はフルタイムで仕事を継続していたことから、⑤の要件も満たしていないと判断されてしまった。加えて、直子は譲治の自宅に無償で居住していたから、（それだけで療養看護の無償性が否定されるものではないものの）③の要件も後退する事案であった。

＊13　例えば、完全看護の病院に入院している場合には、毎日病院に見舞いに訪れたとしてもそもそも療養看護の必要性がないと判断されてしまう。

＊14　このような高いハードルが設定されていることから、特定の相続人が高齢の方に貢献しているような場合に適切な相続対策を行わないと、相続人全員が同一に扱われ、貢献をした相続人が悔しい思いをするということが極めて頻繁に生じる。特に、家庭裁判所の調停・審判実務では療養看護型の寄与分が認められにくいとの指摘がされており、見直しを求める声も多い。筆者としては、超高齢化社会の日本において高齢の親の介護負担が重いことは社会通念となっていることに鑑みれば、裁判所が設定する寄与分認定の要件は厳格に過ぎ、適切ではないと考えている。もっとも、裁判所がこのような運営をしている以上、貢献をしている相続人が相続の場面で適正に取り扱われるよう、事前に適切な相続対策を行うことが何よりも大切である。

このようなことから、直子の寄与分は否定されている。

物語編第2章の光代は、幸子の介護とグランドヒル世田谷の管理を行っていた。なお、グランドヒル世田谷の管理は類型としては財産管理型に該当する。

幸子の介護に関しては、要介護度が1であることから①の療養看護の必要性が低く、また、夫婦で幸子の自宅土地を無償で使用していたことから③の要件も満たさず、寄与分は否定された。グランドヒル世田谷の管理についても、その1室を無償で使用していたことおよび月額20万円の管理費の受け取りがあることから、やはり寄与分が否定されている。[15]

＊15　物語編第２章86ページにおける第10回調停期日も参照されたい。

第６章
「第２章『三本の矢』とはいうけれど」を読み解く

ポイント１　正当な理由があれば、遺産分割調停は電話で参加できる（P60：冴羽の説明）

遺産分割調停は原則として、相手方の住所地の家庭裁判所が管轄裁判所となるが、相続人たちがそれぞれ別の地域に住んでいることも珍しくない。そうすると、原則に従って相手方の住所地の家庭裁判所を調停の場所とすると、他の相続人にとっては遠隔地になってしまうこともあり、毎回の出頭は旅費・移動時間の面でかなりの負担になる。

そこで、当事者が遠隔地に居住しているときやその他の正当な理由がある場合は、事前に裁判所に申し入れたうえで電話会議システムを使って電話で調停に参加することができることになっている。[1]

＊１　その場合は、代理人である弁護士の法律事務所の会議室等から参加することが多い。

最近では、新型コロナウイルス感染拡大防止にともなう対面接触回避を理由に、遠隔の裁判所という理由がなくても電話で調停に参加していることも少なくない。

なお、遺産分割調停期日に代理人が参加している場合、本人は必ずしも毎回参加する必要はない。[2]

ポイント2　生命保険金は遺産分割の対象外ゆえ、上手く活用すべし（P62：第1回調停期日）

裁判例上、生命保険金は受取人固有の財産とされており、原則として遺産分割の対象とはならない。[3] そのため、特定の相続人を優遇したい場合には生命保険を上手く活用することも一案となる。[4]

光代は、幸子の身の回りの世話をしてきたことで、1人だけ1億円の生命保険金を受け取っており、だからこそ義男や友信へ高額の代償金を支払えたという事情があった。

これに対し物語編第1章の直子は、仕事をしながら父・譲治の介護を5年間続けてきたにもかかわらず寄与分は認められず、結局何もしてこなかった妹・明美と同じだけの相続分しか認められなかった（明美の特別受益を除く）。しかし、もし譲治が直子を受取人とする生命保険に加入していたとしたら、その分直子の献身が多少なりとも相続に反映されるような結果になっていたであろう。

＊2　調停委員は当事者にも参加を推奨することが多い。もっとも筆者は、依頼者の負担をできるだけ軽くする趣旨から、依頼者自身も参加するかしないかは自由に選んでいただくようにしている。

＊3　最高裁判決昭和40年2月2日民集19巻1号1頁。

＊4　ただし、保険金の一時払い（保険契約時に全保険契約期間の保険料をまとめて払い込むこと）を利用して全財産をあらかじめ保険に変えておくような極端な対策を行った場合は、遺産分割の対象となる可能性がある。

このように、生命保険は相続紛争の結果を左右し得る存在なのである。

ポイント3　債務は協議・調停・審判によって扱いが異なる（P63：第1回調停期日）

当事者同士の交渉段階である遺産分割協議においては、債務は遺産に含めて分割の対象として取り扱われることが多い。一方、遺産分割調停では、債務は全当事者の合意がなければ分割の対象とはならない[5]。そして遺産分割審判では、債務は全当事者の合意があっても分割の対象とはならない。[6]そのため、亡くなった方が財産を残している一方で多額の債務も抱えている場合は、この点に留意すべきである。

ポイント4　葬儀費用は原則として遺産分割の対象外（P63：第1～3回調停期日）

誤解されがちなのだが、遺産分割調停では、葬儀費用は全当事者の合意がなければ分割の対象とはならない。そして、遺産分割審判では、全当事者の合意があっても分割の対象とはならない。その場合、葬儀費用を支払った相続人は、どうしても他の相続人にも葬儀費用を負担させたいのであれば、遺産分割調停・審判とは別に、葬儀費用の一部を自分に支払えとの訴訟を提起する必要がある。

＊5　［★］裁判例上、金銭債務は、相続が発生すると当然に各相続人が法定相続分に応じて分割して承継するものとされている（最高裁判所判決昭和34年6月19日民集13巻6号757頁）。そのため、そもそも分割する必要がないと考えられているのである。

＊6　そのため、遺産分割の審判結果にかかわらず、債務だけは各相続人が法定相続分に応じて承継することとなる。

なお、葬儀費用に関して確たる最高裁判所の判例はないが、東京家庭裁判所は、原則として喪主を務めた人が葬儀費用を全額負担すべきという考え方を採用しているといわれている。世の中一般の風潮として喪主になりたがる人は多いようであるが、喪主は葬儀費用全額を自身が負担するものと覚悟して引き受けるべきであるといえよう。

ポイント5　使途不明金の主張は難しい（P73：第5回調停期日）

亡くなった方の預貯金から、生前または相続開始後に不明な出金があるケースはよく見られる。

その出金が、特定の相続人が勝手に引き出して取得したり費消したものであること自体に争いがない場合であれば、民法906条の2第2項により、引き出した相続人が同意していなくても、引き出された金銭が遺産分割時に存在するものとみなして遺産分割を行うことができる。[7]

ただ、多くの場合には誰が引き出したのか判然としなかったり、引き出した相続人を特定できても、「亡くなった方のために使った」などと反論されてしまったりして、特定の相続人が勝手に引き出して使ったことについて争いがないケースは少ない。そのため、民法906条の2第2項が実際に活用できる場面はそれほど多くないように思われる。

＊7　［★］引き出された金銭は遺産分割時に存在するものとみなされ、引き出した相続人が取得した取り扱いとするのが適切と考えられている。

＊8　［★］金銭を引き出した相続人が亡くなった方の損失に対応する形で利益を受けているから、その相続人は出金分の不法行為や不当利得があることになる。亡くなった方は本来であれば生前、その相続人に対して不法行為に基づく損害賠償を請求するとか、不当利得を返還せよと請求できたはずであるから、他の相続人がそのような請求を相続により引き継いだという理論構成である。

＊9　［★］訴訟においては、主張が認められるためには一定の事実について証明する必要があり、その証明ができない場合には立証責任を果たしていないとされ、その主張は認められない。

そうすると、使途不明金に関しては現実的には訴訟で解決する必要がある。訴訟の法律構成としては、①不法行為に基づく損害賠償請求訴訟と②不当利得返還請求訴訟の２つの方法が考えられる[8]。しかし、いずれにしても立証責任[9]は使途不明金があると主張する側が負う。そのため、使途不明金の金額がそれなりに大きく、かつ相当程度証拠が固まっていないと争う実益がないと考えられる。

義男側が使途不明金に関して別途訴訟を提起してまで争うつもりはないとの対応をとった背景には、このような事情があったと考えられる。

ポイント６　取りたい不動産は、査定額を低くする以外の道も検討すべし（Ｐ75：冴羽の説明）

１４４ページ（第５章ポイント７）でも説明したとおり、遺産分割を有利に進めるためには、自分が取得したい不動産についてはできるだけ低く評価し、自分が取得しない不動産についてはできるだけ高く評価するのがよい。そのため、それに沿う査定書または不動産鑑定評価書を入手できないかを、まずは検討することとなる。

しかし、いくら希望に沿う査定書や不動産鑑定評価書を入手するといっても限界がある。

そこで、単に不動産の評価をできるだけ低く見積もってもらう以外に、評価を引き下げるための理屈を検討することも有用である。

冴羽は、光代が狙っていた自宅土地についての評価を下げるための理屈を検討する中で、幸子の土地上に光代の夫名義の建物が建っていて、光代夫妻が地代を支払っていないことに着目した。その結果、査定額をそのまま主張するのではなく、使用借権減価を主張することにつながったのである。

ポイント７ 不動産の無償使用が特別受益にあたるかはケースバイケース（P86：第10回調停期日）

金銭の贈与であれば特別受益に該当することが多いが、不動産の場合はケースバイケースである。例えば、亡くなった親が無償で土地を子に貸して、子がその土地上に子の名義の建物を持っていた場合（土地の使用貸借の場合）、土地は使用借権分価値が減っているから、子にはその分の特別受益があるという考え方が有力である。その一方で、亡くなった親が無償で建物を子に貸していた場合（建物の使用貸借の場合）、それ自体によって建物の価値はさして減っていないから子に特別受益はないという考え方が有力であるように思われる。

光代は幸子から無償で土地を借りてその上に夫名義の建物を持っており、実態としては光代が利益を受けている関係にもあることから、（夫の使用借権の半分程度を）特別受益として考慮するとされていた。これに対し、幸子のマンションの１室を無償で使っていることに関してはそもそも特別受益にはあたらないとされていたことを思い出して欲しい。

不動産を無償使用している人が誰なのかも重要なポイントである。というのも、それが相続人本人ではなくその配偶者や子である場合には、原則として特別受益に該当しないと考えられているからである。

光代は幸子から無償で土地を借りてその上に夫名義の建物を持っており、そこに光代も一緒に暮らしている以上、光代も夫と同様に利益を受けているといえる状況であるのに、光代の特別受益は使用借権２６００万円の全額ではなく、半分程度しか認定されなかった理由はここにある。

ポイント８　遺産の分割方法には優先順位がある（P92：第12～16回調停期日）

１４０ページ（第５章ポイント４）で説明したとおり、遺産分割調停は、Ⅰ．相続人の範囲の確定、Ⅱ．遺産の範囲の確定、Ⅲ．遺産の評価の確定、Ⅳ．特別受益・寄与分の確定、Ⅴ．遺産の分割方法の確定の５つの段階に分かれている（段階的進行モデル）。そして、Ⅴ．遺産の分割方法の確定の段階に至った際、どのような分割を行うかで紛糾することも少なくない。

遺産の分割方法に関しては次の４つがあり、裁判所はこの優先順位で分割を行おうとする。もっとも、実際にはこれらのうちどれか１つの分割方法しか選択できないわけではなく、事案に応じて複数の分割方法を掛け合わせることもあり得る[10]。

＊10　物語編第１章では、預貯金2000万円を直子が取得して明美へ500万円を支払うという代償分割を行うと同時に、自宅については直子と明美が共同で売却して売却代金を２分の１ずつ分けるという換価分割も行っている。

① 現物分割
遺産を物理的に分ける方法。例えば、１つの土地を相続人同士で物理的に分割（分筆）するような場合である。

② 代償分割
一部の相続人に法定相続分を超える額の財産を取得させる代わりに、他の相続人に対して金銭等を支払わせる方法。光代は自宅土地やグランドヒル世田谷を取得して義男や友信へ１億円ずつ支払っているが、これは代償分割を行ったことによる。また、物語編第１章では預貯金２０００万円を直子が取得して明美へ５００万円を支払っているが、これも代償分割の例である。

③ 換価分割
遺産を売却してその売却代金を分割する方法。物語編第１章では、自宅の売却代金を直子と明美が２分の１ずつ分けているが、これは換価分割の例である。

④ 共有分割
遺産を相続人間で共有する分割方法。友信が主張した分割方法がこれに該当する。

グランドヒル世田谷は一棟マンションであり、各部屋ごとに区分所有登記を行えば現物分割も不可能とまではいえないものの、不仲の相続人が管理をめぐって再び紛争になる可能性もあり、マンション管理の観点からは１人の相続人に取得させるほうが適切と考えられる。よって、裁判所としては、第一順位の現物分割ではなく、第二順位の代償分割を検討することとなったのである。

代償分割を行うとしたうえで、グランドヒル世田谷の単独取得を希望しているのは光代と義男であるから、裁判所としてはどちらに取得させるのが適切かを検討していた。

実は、代償分割には要件があり、α．代償分割が認められるべき「特別の事情」[11]があり、かつβ．代償金を支払う相続人に代償金を支払うだけの資力があることが必要とされている。

α．「特別の事情」についていえば、光代はグランドヒル世田谷を22年間にわたり管理し、また1室を事務所として使用していた。また、光代はグランドヒル世田谷周辺に居住しかつ長年にわたり不動産業を営んできている一方、義男はグランドヒル世田谷から遠く離れた大阪に居住しかつ不動産業に携わったことがない。前述のマンション管理上の問題と、このような従前からの対象不動産との関係および相続人の住所・職業等を踏まえれば、光代が取得する方向での代償分割が認められるべき「特別の事情」はあるものと考えられる。

β．代償金の支払能力については、義男は代償金を支払う資力に問題を抱えていたのに対し、光代は1億円の生命保険金の受取人になっていたため、元々の貯金3000万円と合わせた1億3000万円の預貯金があり、その残高の印字された通帳の写しを提示したことに加え、必要な借入れに関する融資証明書を提示することができた[12]。

＊11　現物分割が不可能または不適切であること、その遺産に関する特定の相続人の利用を保護する必要があることなどである。

＊12　代償金を支払えるだけの現金を今現在手元に用意できなくても、今後不動産を売却してその代金が得られることを買付証明書で証明したり、今後銀行の融資が下りることを融資証明書で証明できれば足りる。また、売却したり融資の担保に入れる不動産は必ずしもすでに相続人自身が保有しているものである必要はなく、今回の相続で相続したいと思っている不動産でもよいとされるケースもある。

そのため、裁判所としては、代償分割を行うのであれば義男ではなく光代にグランドヒル世田谷を取得させるほうが適切と判断して調停を進行させたものと考えられる。もっとも、仮に幸子が光代を受取人とする1億円の生命保険に入っておらず、むしろ義男を受取人とする1億円の生命保険に入っていたら、結果は逆になっていた可能性もある。そう考えると、相続の場面で生命保険が重要な役割を果たしていることもご理解いただけるであろう。

なお、友信はグランドヒル世田谷を相続人3名で共有すること（④の共有分割）を主張していたが、共有分割は紛争解決の先送りに過ぎないともいえるから、裁判所としてはその採用には非常に消極的である。

成立した遺産分割調停では、義男は、預貯金1億円のうち2500万円と有価証券5000万円を取得したうえで光代から1億円の代償金の支払いを受けることになった一方、友信は、預貯金1億円のうち7500万円を取得したうえで光代から1億円の代償金の支払いを受けることとなっていた。

遺産分割調停では、できるだけ代理人のついている側（本件は義男）に預貯金や有価証券を取得させることが一般的である。[13] 本件では1億円の預貯金を、義男が2500万円、友信が7500万円取得したが、この預貯金の解約手続は実際問題としては義男側が行うものと考えられる。

＊13 代理人がついていない側に預貯金や有価証券を取得させると、解約手続等がスムーズに進まないおそれがあるからである。

ポイント９　遺産分割調停の時点から相続税にも目配せを（Ｐ99：第15・16回調停期日）

遺産分割は相続税申告と密接に関連することから、相続税に関しても十分に留意する必要がある。光代は２件の不動産（自宅土地とグランドヒル世田谷）を取得し、その代わり義男と友信は預貯金や有価証券取得に加え光代から代償金を受領し、その結果、法律上は全員平等となっている。しかし、税務上は平等とはいえないのである。

というのも、義男や友信が取得した財産は、預貯金や有価証券および金銭（代償金）であるから、相続税申告においてはその額面で評価される。これに対し、光代が取得した不動産は、土地については路線価、建物については固定資産税評価額で評価され[14]、その時点で時価評価よりも２割以上は低くなっているのに加え、小規模宅地特例[15]の適用によりさらにぐっと評価が下がっているから、相続税の面では光代が圧倒的に有利なのだ。

つまり、１つの遺産分割紛争をとっても、分割方法やどの財産を取得するかによって、課せられる相続税はかなり変わることがあるのである。

例えば、面積３３０㎡の自宅（時価１億円・相続税評価８０００万円・購入価額５０００万円）のみを遺産とする相続（ただし、兄を受取人とする５０００万円の生命保険金がある）において、

＊14　［★］より詳細にいえば、グランドヒル世田谷については、建物は貸家評価により、土地は貸家建付地評価により、さらに相続税評価が下がっている。

＊15　［★］相続開始直前に被相続人または被相続人と生計を一にしていた親族の居住の用または事業の用に供されていた宅地等のうち一定の要件を満たすものについては、一定面積までにつき、相続税の課税価格の計算上、最大８割の減額を行う特例のこと。

相続人が兄・弟の2人で、兄は亡くなった方と同居、弟は離れて暮らしているとする。以下の3パターンによって、相続税や手取りは次頁の表のように変わってくる（ただし、あくまでイメージ喚起のための大まかな計算に過ぎない）。

パターン① 代償分割で不動産を取得して売却しない兄と代償金を得た弟
パターン② 代償分割で不動産を取得して売却した兄と代償金を得た弟
パターン③ 兄弟で換価分割

〔分割方法や取得財産による相続税の比較〕

単位：円

パターン①　代償分割で不動産を取得して売却しない兄と代償金を得た弟

相続税計算	合計	兄	弟
不動産	80,000,000	80,000,000	
小規模宅地の特例	▲64,000,000	▲64,000,000	
生命保険金	50,000,000	50,000,000	
保険の非課税金額	▲10,000,000	▲10,000,000	
代償金	0	▲40,000,000	40,000,000
相続財産	56,000,000	16,000,000	40,000,000
基礎控除	▲42,000,000		
課税財産	14,000,000		
相続税	**1,400,000**	**400,000**	**1,000,000**

手取り計算	兄	弟
不動産時価	100,000,000	0
代償金	▲50,000,000	50,000,000
生命保険金	50,000,000	0
相続税	▲400,000	▲1,000,000
差し引き手取り	99,600,000	49,000,000

パターン②　代償分割で不動産を取得して売却した兄と代償金を得た弟→相続税は①と同じ。別途譲渡所得税発生。

相続税計算	合計	兄	弟
不動産	80,000,000	80,000,000	
小規模宅地の特例	▲64,000,000	▲64,000,000	
生命保険金	50,000,000	50,000,000	
保険の非課税金額	▲10,000,000	▲10,000,000	
代償金	0	▲40,000,000	40,000,000
相続財産	56,000,000	16,000,000	40,000,000
基礎控除	▲42,000,000		
課税財産	14,000,000		
相続税	**1,400,000**	**400,000**	**1,000,000**

手取り計算	兄	弟
不動産時価	100,000,000	0
代償金	▲50,000,000	50,000,000
生命保険金	50,000,000	0
相続税	▲400,000	▲1,000,000
譲渡所得税	▲10,000,000	
差し引き手取り	89,600,000	49,000,000

＊譲渡経費は考慮していない。

パターン③　兄弟で換価分割

相続税計算	合計	兄	弟
不動産	80,000,000	40,000,000	40,000,000
小規模宅地の特例	▲32,000,000	▲32,000,000	
生命保険金	50,000,000	50,000,000	
保険の非課税金額	▲10,000,000	▲10,000,000	
代償金	0		
相続財産	88,000,000	48,000,000	40,000,000
基礎控除	▲42,000,000		
課税財産	46,000,000		
相続税	**5,899,900**	**3,218,100**	**2,681,800**

手取り計算	兄	弟
不動産時価	50,000,000	50,000,000
生命保険金	50,000,000	
相続税	▲3,218,100	▲2,681,800
譲渡所得税	▲5,000,000	▲5,000,000
差し引き手取り	91,781,900	42,318,200

＊譲渡経費は考慮していない。

＊①②につき、相続税の計算にあたっては、代償分割における代償金は、そのままの金額ではなく、おおむね「代償分割の対象となった財産の相続税評価額/時価」の割合で修正するため、本シュミレーションでも同様の修正を行っている
＊②③につき、譲渡所得税の計算にあたっては、長期保有とし、復興特別所得税や譲渡費用を考慮していない
＊②③につき、マイホームの特例や軽減税率、空き家の特例が適用可能であればさらに譲渡所得税が減る可能性がある
＊100円未満は切り捨て処理を行っている

このような税金や手取り額の不均衡を避けるためには、遺産分割調停の段階で相続税についても考慮に入れながら遺産分割を進めていくことが必要となる。[16]

なお、遺産分割で不動産を取得後その不動産を売却し、売却代金から他の相続人に対して代償金を支払う場合[17]には、売却益に課される不動産譲渡所得税[18]は、不動産を取得した相続人のみに課せられることに留意すべきである。

＊16　もっとも、裁判所は、税務は相続人の自己責任において調査すべきとのスタンスで、税務に関する個別具体的なアドバイスはしない。そのため、相続税分野に詳しい税理士に相談することをおすすめする。

＊17　換価分割と代償分割の掛け合わせである。

＊18　不動産を売却した際の利益につき課せられる所得税と住民税のこと。

第7章
「第3章　遅咲きのスミレ」を読み解く

ポイント1　遺言書には種類がある（P114：冴羽による遺言書入手過程）

遺言には、大きく分けて次の3種類が存在する。

Ⅰ．公正証書遺言：公証役場で公証人が作成する遺言
Ⅱ．自筆証書遺言：本人が原則として手書きで作成する遺言
Ⅲ．秘密証書遺言：遺言内容を秘密にしたうえで遺言書を作成し、公証人や証人に封印した遺言書を提出して遺言証書の存在を明らかにする遺言

相続の現場で登場する遺言はほとんどの場合、Ⅰ．公正証書遺言またはⅡ．自筆証書遺言である。

Ⅰ．公正証書遺言は、公証役場を利用するための手数料[1]が発生するが、遺言者が本人であるか、意思能力があるかを公証人が面談のうえ確認するため、別人が偽造したとか、全く意思能力のない者が作成したという可能性はかなり低い。したがって、公正証書遺言がある場合は、遺言の有効性が争いになることはあまりない。

作成された公正証書遺言の原本は公証役場に保管されるほか、遺言書の内容は電磁データとして別所で保管される。遺言者の他界後、相続人が一定の書類等（亡くなった方の戸籍謄本、当該相続人の戸籍謄本および本人確認資料など）を公証役場に持参すれば、亡くなった方が公正証書遺言を作成していたかどうか教えてくれるとともに、作成していた場合にはその謄本を交付してくれる。

Ⅱ．自筆証書遺言は、一定の形式に沿って自分で書く遺言書であるから、作成のための手数料は特段発生しない。しかし、誰も遺言作成時の本人確認を行わないため、当該遺言書が偽造でないか、遺言者は遺言作成時に認知症などにより意思能力がなかったのではないかといった点が争われることが多い。

また、遺言書が誰にも発見されないままになってしまうとか、誰かにより破棄・隠匿されてしまうという危険性もある。[2] このような理由から、専門家が関与する相続対策の大部分では公正証

＊１　遺産の額や遺言の内容によって異なるが、遺産が１億円の場合、５万円強から10万円強程度となる。

＊２　[★] なお、自筆証書遺言であっても、法務局における自筆証書遺言保管制度を利用する方法もある。この場合、数千円の手数料を支払うだけで法務局が遺言作成時の本人確認を行ってくれるし、遺言書が破棄・隠匿される危険性も回避できる。もっとも、法務局は遺言者の意思能力の確認までは行わないため、この方法では遺言者の意思能力の有無に関する争いを未然に防ぐことは難しいと考えられる。

書遺言が利用されている。

ポイント２　自由な遺言にも侵せない、遺留分の存在（P１１２：冴羽の説明）

本来、人は自由に自分の財産を利用・処分することができるから、遺言に関しても好きな内容にしてよいはずである。しかし一方で、相続人が亡くなった方に経済的に依存している場合もあり、そのような相続人をある程度保護する必要もある。

そのため、民法は、亡くなった方の遺産についてその一定割合を一定の相続人に保障しており、[3] その一定割合分の遺産を遺留分という。

特定の相続人に集中的に財産を取得させる遺言の多くは、他の相続人の遺留分を侵害していることが多い。その場合、遺留分を侵害された相続人は財産を集中的に取得した相続人に対し、遺留分侵害額に相当する金銭を支払うよう請求することができる。[4] これを「遺留分侵害額請求」という。

ポイント３　遺留分侵害額請求は１年過ぎたらできなくなる（P１１３：冴羽の説明）

遺留分侵害額請求権は、相続の開始および遺留分を侵害する遺言・贈与などがあったことを知ったときから1年間行使しないと、時効によって消滅する。また、相続開始時から10年を経過した場合も

＊３　民法1042条に規定されている。

＊４　[★] なお、平成30年度民法改正前は「遺留分減殺請求」という名称であり、遺留分相当額の金銭を支払うよう請求する制度ではなく、遺留分を侵害する贈与や遺言について、遺留分を侵害する範囲でその効力を失わせるという制度であった。

消滅する。

そのため、遺留分を侵害された者は、遺留分侵害額請求をするのであれば速やかにこれを行う必要がある。

また、このような期間制限があることから、期間内に遺留分侵害額請求を行ったことを証拠化する必要があり、後日その有無が争いになるような方法（口頭や電話など）で行うことは適切ではない。冴羽が内容証明郵便で遺留分侵害額請求の通知を行っていた理由はここにある。

ポイント４　遺留分侵害額請求は、遺留分侵害額の計算方法がカギとなる（Ｐ１１７：冴羽の説明）

遺留分侵害額請求をめぐる攻防の構造についてご理解いただくためには、まず遺留分侵害額の計算方法について説明する必要がある。なぜなら、遺留分侵害額請求をめぐる攻防は結局のところ、遺留分侵害額を大きく算出しようとする攻撃側と、小さく算出しようとする防御側の戦いであり、遺留分侵害額の計算方法がカギとなるからである。そして、遺留分侵害額の計算方法は次頁の図のとおりである。[5]

遺留分侵害額の計算方法を踏まえて、遺留分侵害額請求をめぐる攻防の構造は次のとおりとなっている。

＊５　［★］遺留分侵害額請求は遺産分割調停とは手続が異なり、段階的進行モデルは適用されない。そのため、遺留分侵害額請求の調停や訴訟では必ずしも遺産の範囲→遺産の評価→特別受益・寄与分と段階的に進められるわけではなく、遺留分算定の基礎となる財産額を算出する際に特別受益についてもまとめて検討することもある。

〔遺留分侵害額の計算方法〕

計算式(1)

遺留分侵害額
＝遺留分算定の基礎となる財産額 × 遺留分割合
－（遺留分権者が相続で得た財産額 － 遺留分権者が相続で負った債務額）
－ 遺留分権者の特別受益額（期間制限なし）

計算式(2)

遺留分算定の基礎となる財産額
＝被相続人の相続開始時財産額
＋ 相続人に対する生前贈与額（原則10年以内）
＋ 第三者に対する生前贈与額（原則１年以内）

防御側の主要な反論は、次頁の図のとおり、①時効消滅を主張する、②遺産中の不動産・非上場株式の評価を低く主張する、③攻撃側が受けた生前贈与（贈与・遺贈・特別受益）を主張する、の３つに集約される。

逆に攻撃側は、❶遺産中の不動産・非上場株式の評価を高く主張する、❷防御側が受けた生前贈与を主張することとなる。

なお、攻撃側が受けた生前贈与については期間制限なしとされている一方、防御側が受けた生前贈与については、防御側が相続人の場合は原則10年以内、相続人以外の場合は原則１年以内という期間制限がある。[6]

これらの視点とは別に、防御側が遺留分侵害額の早期の支払いを行うことと引き換えに攻撃側が２～３割程度の減額に応じることもある。攻撃側としても、防御側が徹底的に争った場合、時間[7]・労力・費用がそれなりに生じてしまうため、２～３割程度の減額を行ってでも合意

＊６　［★］防御側が受けた生前贈与については、防御側が第三者である場合（例えば、亡くなった方が相続人以外の親族や愛人に生前贈与していた場合）があり、そのような第三者の法的安定性に配慮するという立法趣旨である。

＊７　訴訟の場合、判決に至るまでに一定期間かかる（現状、民事訴訟は第一審段階で１年から１年半程度を要していることが多い）し、控訴審まで移行すればさらに時間がかかってしまう。加えて、防御側が判決確定後も支払いを拒絶する場合には、強制執行まで必要になってしまう。

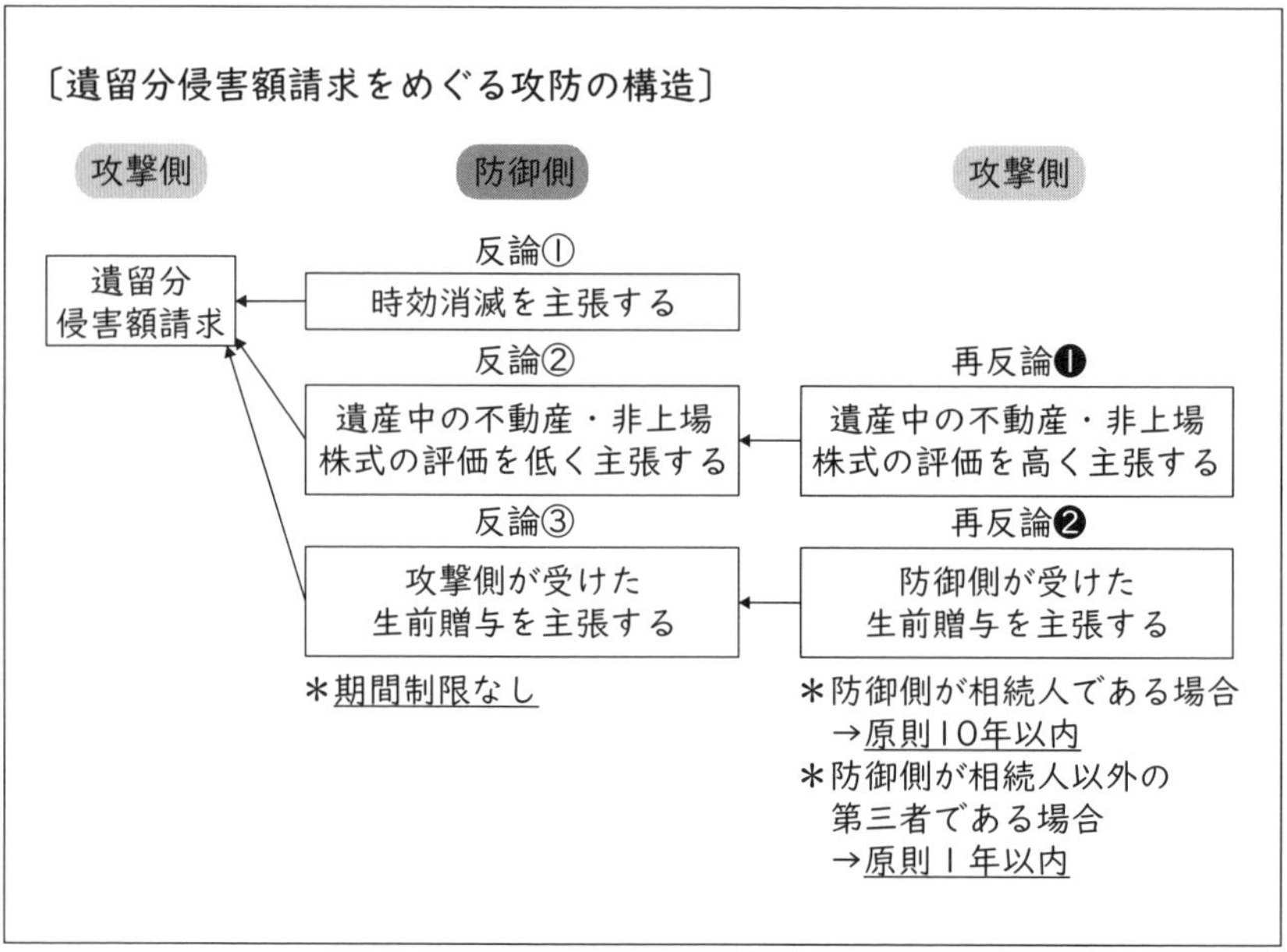
〔遺留分侵害額請求をめぐる攻防の構造〕
攻撃側
防御側
攻撃側
遺留分侵害額請求
反論①
時効消滅を主張する
反論②
遺産中の不動産・非上場株式の評価を低く主張する
再反論❶
遺産中の不動産・非上場株式の評価を高く主張する
反論③
攻撃側が受けた生前贈与を主張する
再反論❷
防御側が受けた生前贈与を主張する
＊期間制限なし
＊防御側が相続人である場合
→原則10年以内
＊防御側が相続人以外の第三者である場合
→原則１年以内

により確実に支払いを受けたほうが合理的という場合も少なくないのだ。

ポイント5　遺留分侵害額請求の手段選択は戦略的に（P119：冴羽―海原の交渉）

遺留分侵害額請求を行う場合、①まずは交渉を行い、②交渉が難しければ調停を行い、③調停も難しいようであれば訴訟を行うのが一般的な流れである。①②③の順番で実施することもできるし、②を経ずにいきなり①から③へ移行することも可能である。[8]

筆者の経験上、合意で解決できる類のものは交渉で終わる一方、解決が難航するものは訴訟を経なければ解決ができず、調停を経てもただ時間と労力がかかるだけで解決しないことが少なくない。そのため、筆者としては、遺留分侵害があり一定額の支払いをしなければならないことを前提に相手方本人やその代理人が交渉を行う姿勢を示す場合には、まずは交渉を集中的に行い、逆に遺留分侵害そのものを相手方本人やその代理人が否定するような場合には、速やかに交渉を終わらせ調停を経ずに訴訟を提起し、訴訟もできる限り早いピッチで進めていくことが多い。時間をかけても相手方から支払われる金額が増えるわけではないし、場合によってはそうこうしている間に相手方が取得した遺産を費消してしまうような場合もあり得るからである。[9]

＊8　［★］法律上は訴訟提起の前に調停を経るべきとされているが（家事事件手続法257条1項）、交渉の状況からして調停で解決する見込みがない旨の上申書を訴状に添付すれば、調停を経ずに訴訟を提起しても裁判所は受理することが多いように思われる。

＊9　［★］相手方が遺言等で得た財産を完全に費消してしまう危険性が高い場合には、民事保全手続をとることもできる。しかし、民事保全手続を行うためには保全する遺産の数十％相当額の預託金を供託する必要があるため、実際には実施しないことが多いように思われる。

第4章から第7章までで解説した内容を押さえておいていただければ、負けない相続にかなり近づいたといえる。

ここからは、最後の一押しにして最も重要な、相続紛争で負けないための6つの戦略について解説していく。

第8章　相続紛争で負けないための戦略

その①　適切な弁護士を選任すること

相続紛争で負けないためには、まず当然ながら、適切な弁護士を選任すべきである。弁護士をつけずに相続紛争に臨む場合は考慮しなくてよい点ではあるが、物語編のリアルなエピソードをお読みになって、弁護士なしで相続紛争を戦うのは現実的でないと感じた方が多いのではないだろうか。ときどき弁護士をつけずに遺産分割調停等に臨んでいる当事者もいるが、皆一様に、今どのような手続をしていて今後どうなっていくのか把握できておらず、まさに五里霧中といったようすである。

では、弁護士を選任するとして、弁護士であれば誰でもよいのかといえば、そんなことは決してない。本書冒頭の「はじめに」でも説明したとおり、弁護士によっては相続に関する基本的な知識や経験を持っておらず、結果として依頼者の利益を大きく損ねてしまうこともあるからである。

本書の物語編はできるだけリアルに描いているが、現実と違うことがあるとすれば、登場する弁護士（冴羽、丸山、伊集院、北尾、海原）が全員、相続に関する一定以上の知識があり合理的に事件処理を行っている点である。物語の進行上相手方の弁護士も一定以上のレベルであるよう描写しているが、実際の事件では、相続に関する誤った知識を前提に行動していたり、適切な事件処理とはいえない対応をしていることもある。

例えば、筆者は過去に次のようなケースに遭遇したことがある。亡くなった方に子・孫、両親・祖父母がいない場合、兄弟が相続人となる。[1]さらに、兄弟が複数いて、亡くなった方と両親が同じ兄弟（全血兄弟）と片親だけが同じ兄弟（半血兄弟）とがいる場合、半血兄弟も相続人となり、[2]それぞれの法定相続分は次頁の図のようになる。

ところが、相手方の弁護士が半血兄弟も相続人となることを知らず、筆者が指摘しても認めようとしなかったのだ。相続人の一部を欠いたまま遺産分割を行った場合、その遺産分割は絶対的に無効となってしまう。その事案では、裁判所が補正を指示し事なきを得たが、もし誰も指摘せずに終わっていたら、時間と費用をかけて無効な遺産分割を行ってしまうところであった。

このようなケースは必ずしも新人弁護士とは限らず、むしろベテランも含まれる。弁護士の業務領

＊１　なお、亡くなった方に配偶者がいれば配偶者と兄弟が、配偶者がいない場合にはその兄弟のみが相続人となる。

＊２　ただし、法定相続分は全血兄弟の半分となる（民法900条４号但書）。

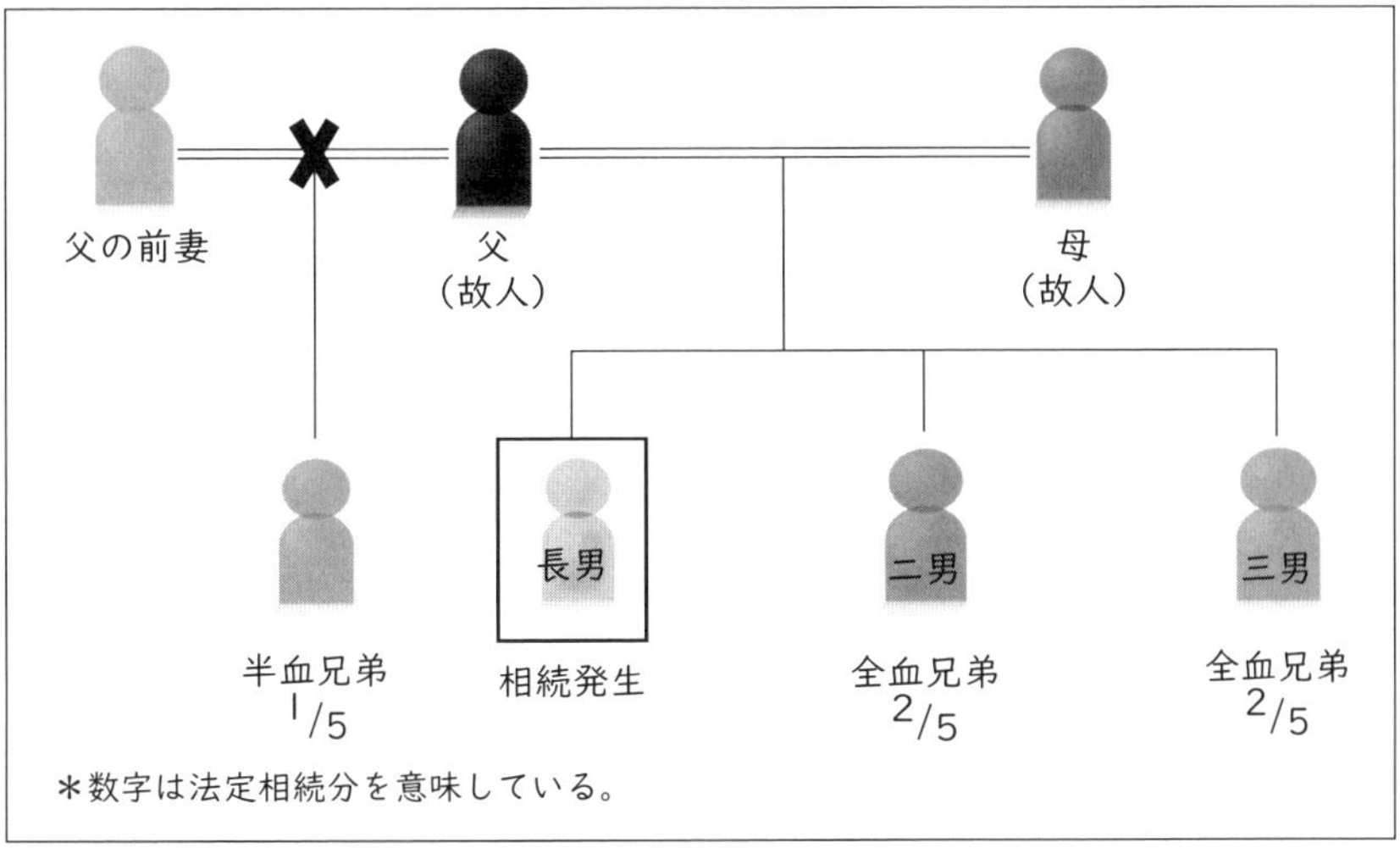

域は広大であり、すべての領域に通じることは不可能であるから、キャリアが長かったとしても相続分野に明るくない弁護士がいるのも無理はない。

では、相続紛争に負けないためには、どのようにして弁護士を見極めればよいか。私見ではあるが、次のようなポイントをチェックするとよいだろう。

✔ 段階的進行モデルについてさりげなく質問をした際に、即座に明確な回答が返ってくるか
（＊明確な回答が返ってこなければ段階的進行モデルを理解していない可能性が高く、その弁護士は相続分野に詳しいとは考えにくい）

✔ その案件をどのような進行方針で進めるかについて、明確な提示がなされるか
（＊相続紛争は長期化もあり得るため、見通しを持って進行方針を描けるかが非常に重要）

✔ 質問をした際に、単に「できる」「できない」と

だけ答えるのではなく、どの法律やどの裁判例に照らしてどう考えられるとか、裁判所の実務がどうであるからこう進めるべきといった、理論・理屈に基づいた明確な説明がなされるか（＊裁判所は結局のところ、法令、裁判例や裁判所の実務運用などに基づき判断を下す。そうである以上、きちんと理論武装して対応できる能力が必要）

その② 弁護士選任後も〝自分事〟として手綱を握っておくこと

適切と判断して選任した弁護士が期待どおりに事件処理を進めてくれればなんの問題もないが、その後想定外の展開になってしまうこともあり得る。そもそも選任の際の判断が実は間違っていた可能性もあるし、そうでなかったとしても弁護士も人である以上、ときに誤ることや賢明とはいえない選択をしてしまうこともある。

しかも、物語編では冴羽の依頼者は全員、調停期日や交渉に同席していたが、依頼者の同行は必須ではなく、[3]弁護士のみが調停期日や交渉に臨んでいることも少なくない。そうなると、想定外の展開になっていても当事者がそれに気がつかないまま手続が進んでいってしまうこともあり得る。

このような事態を防ぐためにも、弁護士選任後も〝自分事〟として手綱を握っておくことが、相続紛争に負けないためには重要である。

＊3　特に、調停・審判・訴訟といった裁判所の手続は平日の午前10時～午後0時または午後1時10分～午後5時までの間でしか設定されないことから、仕事がある方は通常、弁護士に代理人として出席してもらうことが多い。

具体的には、弁護士を選任した後も、すべて弁護士に一任して放っておくのではなく、ときどき事件の進捗状況の報告を受けるとともに今後の方針について説明を受け、それらについてよく理解しておくべきである。そのうえで、進捗状況や今後の方針について疑義があれば、率直に弁護士に質問して説明を求めるべきである。

相続紛争はある程度の期間を要するため、依頼者の不安やストレス等は早期に解消すべきであるし、弁護士としても、依頼者から質問や指摘が来るとほど良い緊張感を持って事件処理を行うことができるため、双方にとってプラスの効果が期待できるのだ。

その③　基本的なポイントを把握しておくこと

適切な弁護士を選任するためにも、弁護士選任後も〝自分事〟として手綱を握っておくためにも、当事者自身が相続紛争解決のための基本的なポイントを把握しておく必要がある。

第４章から第７章までをお読みになれば、この点はクリアできたと自信を持っていただいてかまわない。

その④　完璧主義を捨てて柔軟性を持ち、適当な落とし所で良しとすること

相続紛争の場面ではさまざまな争点が登場する。それら１つひとつの事項について完璧主義を貫いて正面から争い始めると、紛争が必要以上に長引いてしまう。

また、相続紛争においては、債務・葬儀費用・使途不明金など、相手方が応じれば遺産分割調停で取り扱うことができるものの、相手方が応じない場合には取り扱うことができない事項が少なくない。それらの事項については、主張するだけしてみて、相手方が応じなければ素早く引き揚げて手続を前へ進めて行く柔軟性が求められる。なぜなら、相手方が応じないと主張している以上その事項を遺産分割調停で取り扱うことはどのみち不可能であり、そこにこだわって時間をかけるよりも、それ以外の事項で有利な結果を勝ち取ることに時間を割いたほうが合理的だからである。

主張を貫くべき箇所であれば譲らずに時間をかけて堂々と主張すればよいが、（さして見込みのない）退くべき箇所であれば速やかに撤退する柔軟さが重要である。

相続紛争には基本的に相手方が存在する。そして、相手方にも法定相続分や遺留分等の一定の権利がある以上、一方的に勝つことは極めて難しい。少しでも多くの財産を取得することを目指しつつも、ある程度の水準でまとまれば良しという姿勢で戦うべきである。

その⑤　自分の考えに固執せず、弁護士の助言に真摯に耳を傾けること

先述のとおり、弁護士選任後も当事者自身が〝自分事〟として手綱を握っておくべきである。その一方で、弁護士の助言に真摯に耳を傾けることも重要だ。

物語編第２章では、冴羽と丸山が依頼者である光代の説得に毎度苦労していた。ストーリーとしては面白いし実際に時折あることではあるが、これは依頼者自身にとって望ましくない構図である。というのも、弁護士は多数の案件について同時並行で対応しており、１つの案件にかけられる時間には自ずと限りがあるから、依頼者への説得に大量の時間を費やしていると、弁護士は本来時間を投下すべき戦略立案・相手方との交渉や裁判所との調整に十分な時間を割くことができなくなってしまいかねないのだ。

また、葬儀費用の例を見ても分かるとおり、世間の常識は裁判所にとっての非常識であることがある。そして、いくら世間の常識とは違う内容であっても、紛争解決の場面では法令、裁判例や裁判所の実務運用などがベースとなる以上、そちらを前提にするより他ない。

したがって、自分自身のためにも、自らの常識や価値観に固執せず弁護士の助言にしっかりと耳を傾けることも重要なのである。

その⑥　適切なタイミングを逃さないこと

第4章で解説したとおり，相続事件の大半を遺産分割が，また一定数を遺留分侵害額請求が占めている。そして，遺産分割の大部分は協議や調停といった合意形成によって解決されており，遺留分侵害額請求についても相当部分は交渉や訴訟上の和解により解決されている。

これは，対立している当事者同士である以上，本来合意や和解に至ることは容易ではないけれども，合意や和解を行うための適切なタイミングが生じることもあるということを意味している。相手方も人間である以上，常に好戦的な感情を同じテンションで持ち続けているとは限らず，時間の経過とともに戦意が低下したり，場合によっては早く事件を終わらせたいという気持ちになったりするのだ。

実際，調停や和解は11月・12月といった年末や3月末といった年度末に成立しやすいといわれている。これは，年末や年度末には懸案の紛争を解決して前に進みたいという感情を当事者双方が持ちやすいことが理由の1つである。また，裁判官は3月末，おおむね3年に1回程度の周期で異動になるのだが，事案を把握している今の裁判官が担当しているうちに調停や和解によって事件を終えようという考えが当事者や裁判官自身に生まれてくることも，別の理由として挙げられる。

相続紛争に負けないためには，合意形成を行うのに適したこのようなタイミングを逃さないことが重要である。そのタイミングはそれこそ代理人の嗅覚で察知するものであるから、適切な弁護士を選任することが、やはりここでも意味を持ってくるのである。

●相続紛争で負けないための戦略まとめ●

①　適切な弁護士を選任すること
②　弁護士選任後も〝自分事〟として手綱を握っておくこと
③　基本的なポイントを把握しておくこと
④　完璧主義を捨てて柔軟性を持ち、適当な落とし所で良しとすること
⑤　自分の考えに固執せず、弁護士の助言に真摯に耳を傾けること
⑥　適切なタイミングを逃さないこと

おわりに

日本は高齢化が急速に進み、「終活」という言葉が広まるなど、高齢者の方々に相続対策が必要なこと自体はよく知られるようになってきた。しかし、実際にはなんらかの対策がとられているケースは依然として少数にとどまる。

家族全員仲良しで経済的にも十分な余裕があり、お互いに遺産を譲り合えるような相続人同士であればそれでも問題はない。しかし、実際にはかなりのケースにおいて、相続人同士が疎遠であったり、経済格差があったり、相続人の配偶者も介入するなどしてもめ事に発展してしまうのだ。そうなったときに、受け入れがたい結果に泣き寝入りするのではなく、ある程度納得のいく結果にたどり着いて欲しいと願い執筆したのが、この「負けない相続」である。

相続紛争というと、家族関係がそれによって悪化すると考える方も多いのではないだろうか。弁護士を立てた日には、いよいよ関係が破綻すると不安に思われるかもしれない。

もちろんそういうケースもあるが、当事者同士が直接やり合うことで過度に感情的になったりヒートアップするよりも、弁護士をつけ、必要に応じて裁判所の手続も利用しながら粛々と物事を進めるほうが、かえって双方にダメージが少ない場合もある。また、納得できない要求には応じず、主張すべきことは弁護士を通じてしっかりと主張したほうが、結果的に悔いが残らないことも多い。

筆者は、相続事件と日々向き合う中で強く思っていることがある。それは、依頼者が相続紛争を嫌な思い出として記憶するだけではなく、そこから何かを得て欲しい、そして紛争解決後も前向きに生きていって欲しいということである。

物語編第1章や第3章は、まさにそのような願いを込めたエンディングとなっている。直子にはこれからは力強く自分自身の人生を歩んでいって欲しいし、純二はこれまでどれだけ恵まれていたのかを自覚し、地に足をつけて生きてもらいたい。そして、依頼者ではないが秀一も、自分の生き方を自分自身で肯定し、大切な家族とともに堂々と生きていって欲しい。

くり返しになるが、実際に相続事件で遭遇する方々のほとんどは、特別に仲の悪い家族でも金に目がくらんだ強欲な人間でもなく、直子や純二や秀一のようなごく普通の人たちなのである。

このような願いを込めた本書が少しでも、すでに相続紛争に巻き込まれている方、これから相続紛争に巻き込まれる可能性がある方、相続に興味のあるすべての方、加えて相続事案を扱う職種の方々の一助となれば幸いである。

なお、もし本書を読んで筆者にご意見・ご質問等のある方は、以下のいずれかの方法でお問い合わせいただきたい。

［お問い合わせ］
メール：yoda-soudan@miyakezaka.or.jp
電　話：03－3500－1232（直通）
ＦＡＸ：03－3500－2741
郵　送：〒100－0011
東京都千代田区内幸町2－1－4 日比谷中日ビル6階 三宅坂総合法律事務所
弁護士　依田渓一　宛

《著者紹介》

依田　渓一（よだ　けいいち）

三宅坂総合法律事務所 パートナー弁護士。

東京大学法学部・東京大学法科大学院卒。第二東京弁護士会所属。

相続・事業承継・不動産分野を中心業務とする。

モットーは、「相談してよかった」と思っていただけるよう、期待の先を行くきめ細かな対応と情熱で、依頼者の正当な権利行使に向けて全力を尽くすこと。

【お問い合わせ】
メール：yoda-soudan@miyakezaka.or.jp
電　話：03-3500-1232（直通）
ＦＡＸ：03-3500-2741
郵　送：〒100-0011
東京都千代田区内幸町２－１－４ 日比谷中日ビル６階 三宅坂総合法律事務所
弁護士　依田渓一　宛

負けない相続

2022年12月25日　第１版第１刷発行
2023年５月15日　第１版第３刷発行

著　者　依田渓一
執筆協力　経堂マリア
発行者　山本継
発行所　㈱中央経済社
発売元　㈱中央経済グループパブリッシング
〒101-0051　東京都千代田区神田神保町１-35
電話　03（3293）3371（編集代表）
03（3293）3381（営業代表）
https://www.chuokeizai.co.jp
印刷／三英印刷㈱
製本／㈲井上製本所

＊頁の「欠落」や「順序違い」などがありましたらお取り替えいたしますので発売元までご送付ください。（送料小社負担）

ISBN978-4-502-44531-6　C3034